BEST OF BURGER

--- GENIALE REZEPTE ---
BEEF, VEGGIE & MEHR

Abkürzungen

EL	Esslöffel	ml	Milliliter
TL	Teelöffel	cl	Zentiliter
Msp.	Messerspitze	cm	Zentimeter
Bd.	Bund	gestr.	gestrichen
kg	Kilogramm	geh.	gehäuft
g	Gramm	Min.	Minute
mg	Milligramm	Std.	Stunde
l	Liter	TK	Tiefkühl...

Impressum

compact via ist ein Imprint der Compact Verlag GmbH

© Compact Verlag GmbH
Baierbrunner Straße 27, 81379 München
Ausgabe 2014

Alle Rechte vorbehalten. Nachdruck, aus auszugsweise,
nur mit ausdrücklicher Genehmigung des Verlages gestattet.
Alle Angaben wurden sorgfältig recherchiert, eine Garantie
kann jedoch nicht übernommen werden.

Einleitungstext: Iris Ottinger
Chefredaktion: Dr. Matthias Feldbaum
Redaktion: Isabel Martins
Produktion: Ute Hausleiter
Abbildungen: siehe Bildnachweis S. 144
Titelabbildung: StockFood
Gestaltung: h3a GmbH, München; textum GmbH, München
Umschlaggestaltung: h3a GmbH, München

ISBN 978-3-8174-9585-6
381749585/1

www.compactverlag.de

Inhalt

Best of Burger ... 4

Klassisch-unkompliziert mit Fleisch & Geflügel ... 15

Einfach lecker mit Fisch & Co. ... 47

Vegetarische & vegane Burger ... 71

Burger ausgefallen & raffiniert ... 91

Beilagen ... 127

Register ... 143

Best of Burger

Seit Jahren sind sie begehrt und werden immer beliebter: saftig-köstliche Burger. Nur Bun (das Brötchen), Patty (die Frikadelle) und ein Salatblatt waren gestern. Zwar gibt es die schnellen Sattmacher natürlich noch in der klassischen Form aus Rind- oder Geflügelfleisch, wie sie bei Fast-Food-Ketten zu kriegen sind, doch das ist längst nicht alles. Mit „neuen" Zutaten wie Gorgonzola, Scampi oder Seitan werden die gefüllten Brötchen zu kulinarischen Highlights. Zugegeben, so einen Burger gibt es nicht an jeder Ecke. Macht nichts, denn es macht Spaß, ihn selber zuzubereiten. Auch wenn es mal schnell gehen muss, weil Sie wenig Zeit, aber viel Hunger haben, ist er die perfekte Wahl.

In diesem Buch lernen Sie nicht nur die Klassiker mit Fleisch kennen, sondern auch Varianten mit Fisch, vegetarische und vegane Burger sowie ausgefallene Kreationen.

Die Zutaten

Der klassische Hamburger ist eigentlich nichts anderes als ein mit einer Scheibe gegrilltem Rinderhackfleisch, genannt Patty, belegtes Brötchen, Bun genannt. Eigentlich. Doch schon beim Fleisch haben Sie die Qual der Wahl. Grund genug, sich diese Zutat näher anzusehen.

Fleisch & Geflügel

Fleisch enthält Eiweiß und Mineralstoffe, vor allem Eisen. Es versorgt den Menschen mit Vitaminen, in erster Linie mit B-Vitaminen. Ein gesundes Lebensmittel also? Wie immer macht die Dosis das Gift. Das heißt, Fleisch enthält auch weniger gute Stoffe und sollte darum nicht täglich verzehrt werden. Zu diesen Stoffen gehört Fett. Wer übermäßig Fett konsumiert, muss mit Übergewicht und all seinen Begleiterscheinungen rechnen.

Im Eiweiß sind Purine enthalten, die in Harnsäure umgewandelt und ausgeschieden werden. Ist der Harnsäurespiegel im Körper besonders hoch, funktioniert die Ausscheidung nicht mehr ausreichend. Es kann zu Gelenkproblemen bis hin zu Gicht kommen. Also Fleisch bewusst und in Maßen genießen.

Rindfleisch ist neben Schwein die beliebteste Sorte hierzulande. Seine Vorteile: Es ist eher fettarm, hat dabei gleichzeitig ungesättigte Fettsäuren zu bieten, die der menschliche Körper braucht. Und es liefert ein besonders hochwertiges Eiweiß. Zudem stellt Rindfleisch Vitamin B_{12} zur Verfügung, das für die Bildung roter Blutkörperchen benötigt wird.

Schweinefleisch hat wichtige Mineralstoffe und Spurenelemente im Gepäck. Das sind beispielsweise Eisen, Natrium und Kalium sowie Selen und Zink. Außerdem ist es reich an Thiamin, auch als Vitamin B_1 bekannt. Dieses Futter für starke Nerven ist sonst noch in Vollkornbrot oder Haferflocken enthalten.

Hähnchen, Pute und **Ente** zählen zu den Geflügelsorten. Deren unschlagbarer Vorzug ist die Kombination aus hohem Eiweiß- und niedrigem Fettgehalt. Für die Ente gilt Letzteres nicht, denn sie kommt ziemlich fett daher. Grundsätzlich enthält Geflügel viele Vitamine, Mineralstoffe und lebenswichtige Aminosäuren. Besonders Huhn ist gut bekömmlich.

Lamm steht in Mittel- und Nordeuropa eher selten auf dem Speiseplan. Das mag an dem markanten Geschmack liegen. Man kann davon ausgehen, dass das Tier jünger als ein Jahr ist, wenn es unter der Bezeichnung Lamm angeboten wird. Das Brustfleisch enthält am meisten Fett. Ansonsten sind die Vitamine A, B und C sowie Eisen, Natrium, Kalium und Kalzium zu nennen.

> Lamm wird häufig im Zusammenhang mit seinem Lebensraum kategorisiert. Sehr bekannt ist zum Beispiel das Salzwiesenlamm von der Nordseeküste. Dass es sich überwiegend von salzigem Gras ernährt, kann man tatsächlich schmecken.

Bacon, auch Frühstücksspeck genannt, wird aus dem fettesten Teil gemacht, den ein Schwein zu bieten hat, nämlich aus dem unteren Bauchfleisch. Wird es geräuchert und in dünne Scheiben geschnitten, hat man Bacon auf dem Teller.

Tatar ist rohes Rindfleisch. Deshalb wird es auch als Beefsteakhack angeboten. Ein weiterer Name verrät eine Herstellungsart: Üblicherweise wird das frische Fleisch, meist Rinderfilet, gehackt, seltener wird es geschabt und heißt darum auch Schabefleisch. Die klassische Art, ein Tatar zu essen: Mit Pfeffer und Salz würzen, auf einen Teller geben, eine Vertiefung hineindrücken und mit rohem Eigelb, Kapern und Sardellen füllen.

Achtung, Keime! Hackfleisch hat durch das Zerkleinern eine besonders große Oberfläche. Die bietet jede Menge Angriffsmöglichkeiten für Keime. Deshalb gilt: Hack gekühlt vom Metzger nach Hause bringen und sofort verarbeiten. Für den rohen Gebrauch am besten direkt vor dem Verzehr selbst durch den Wolf drehen.

Fisch & Meeresfrüchte

In See, Fluss und Meer gibt es Lebewesen, die viele als köstliche und gesunde Bereicherung ihres Speiseplans schätzen. Fisch liefert uns hochwertiges Eiweiß, Vitamine und auch Mineralien. Einige Eiweißbausteine, die Aminosäuren, sind für den menschlichen Organismus unverzichtbar. Diejenigen aus dem Wasser sind besonders gut verdaulich. Mehrfach ungesättigte Omega-3-Fettsäuren stärken Herz und Kreislauf. Sehr viele Quellen gibt es dafür nicht, aber in Fisch sind sie enthalten.

Einige Meeresbewohner sind recht fett. Da Fisch & Co. ansonsten so viele Vorteile bringen und auch noch sehr gut schmecken, greifen immer mehr Konsumenten zu. Verständlich, aber teilweise auch bedenklich. Immer mehr Arten sind vom Aussterben bedroht. Darum sollte man es wie auch mit Fleisch halten: Nicht jeden Tag essen. Auch bei Fisch sollte unbedingt auf Bio-Siegel und Kennzeichnungen für nachhaltigen Fang geachtet werden. Wer noch mehr tun will, informiert sich bei einschlägigen Organisationen über die Arten, die extrem gefährdet sind.

Lachs ist nicht einfach Lachs. Man unterscheidet zwischen atlantischer und pazifischer Herkunft. Typisch ist das orangerosa Fleisch. Er ist reich an Omega-3-Fettsäuren, Kalium, Phosphor und Vitamin A. Man bekommt ihn frisch, geräuchert oder auch gebeizt als Graved Lachs.

Seelachs ist kein Verwandter des Lachses, sondern ein Dorsch. Er heißt eigentlich Köhler und wurde früher als günstiger Lachsersatz angeboten. Seelachs ist weniger fett. Achten Sie darauf, Ware mit weißem Fleisch ohne den bedenklichen Farbstoff E-124 zu kaufen.

Thunfisch hat ein rotes zartes Fleisch, das roh in Sushi sehr beliebt ist. Er ist reich an Spurenelementen und Vitamin B_3. Unglücklicherweise kann dieser Fisch mit verschiedenen Giften belastet sein. Daher ebenfalls nur in Maßen verzehren.

Scampi haben Scheren und eine breite Schwanzflosse. Ihr Rücken ist ziemlich gerade. Andere Bezeichnungen sind Langustine oder Kaisergranat. Gern werden hier auch **Garnelen** ins Spiel gebracht, doch dahinter verbirgt sich eine andere Art. Garnelen, die kleinsten sind die Nordseekrabben, haben etwa Fühler statt Scheren.

Jakobsmuscheln bestechen durch ihr festes, köstliches Fleisch und die absolut gesunden Inhaltsstoffe. Das sind Omega-3-Fettsäuren, Eiweiß und Zink. Fett und Kohlenhydrate sind eher sparsam vertreten, was gerade Figurbewusste freut. Am besten küchenfertig kaufen und schnell verbrauchen oder zu tiefgefrorenen greifen.

Flusskrebse leben in Süßwasser. In Europa waren sie Mitte des 20. Jahrhunderts nahezu ausgestorben. Inzwischen zeigt die Wiederansiedlung erste Erfolge. Wenig Fett, dafür eine Extraportion Eiweiß, so kann man die inneren Werte beschreiben. Auch Vitamine spendet der Flusskrebs ordentlich, darunter vor allem Vitamin E und diejenigen des B-Komplexes.

Hummer gehört zu den Delikatessen. Früher bevölkerte er in Massen die Nordsee und Gewässer auf der ganzen Welt. Heute ist er bedroht. Um einen richtig großen Hummer auf den Teller zu bekommen, muss man eine Menge Geld hinlegen; das Krustentier muss sehr alt sein, denn es wächst langsam. Am köstlichsten ist Hummer, wenn er ganz frisch ist; das heißt, Sie müssen ihn selbst töten, indem Sie ihn mit dem Kopf voran in kochendes Wasser geben. Achtung, er wird bis zu sieben Minuten lang ordentlich zappeln! Außer viel Eiweiß kann er oft auch Pestizide und andere Gifte enthalten.

> Hausstauballergiker sollten Abstand von den Krustentieren nehmen. Nach dem Verzehr treten zum Teil allergische Reaktionen auf, denn Hummer, Krebse und auch Schnecken können die gleichen auslösenden Stoffe in sich tragen wie Hausstaubmilben.

Vegetarische Burger

Sich vegetarisch zu ernähren, liegt voll im Trend. Viele sehen inzwischen, dass dabei die schlanke Linie meist ebenso profitiert wie die Gesundheit. Wer nicht komplett auf „Grünfutter" umsteigen, sich aber verantwortungs- und umweltbewusst verhalten will, ist mit einer Mischkost bestens bedient. Mal gibt es Fleisch, mal Fisch oder Meeresfrüchte und dann eben Vegetarisches.

EINLEITUNG

Wie vielfältig das sein kann, zeigt schon diese kleine Auswahl vegetarischer Zutaten.

Tofu sehen viele als Fleischersatz. Kein Wunder, denn die aus Sojabohnen hergestellte Masse enthält jede Menge Eiweiß und sämtliche Aminosäuren, die der menschliche Körper braucht. Dazu kommen eine Omega-3-Fettsäure, ganz viele Vitamine, vor allem die der B-Gruppe, und reichlich Mineralien, wie Eisen und Kalium. Das Vorurteil, Tofu habe keinen Eigengeschmack, ist richtig. Na und, Fleisch und Fisch werden doch auch gewürzt, oder?

Seitan ist ebenfalls reich an Eiweiß, Mineralstoffen und Vitaminen und dafür arm an Kalorien und sogar nahezu cholesterinfrei. Es wird aus Gluten, also dem Klebereiweiß des Weizens, hergestellt. Für Menschen mit Glutenunverträglichkeit ist Seitan also nichts.

Pilze bringen nicht nur Eiweiß in vegetarische Gerichte, sondern obendrein einen wunderbaren Geschmack. Sie stecken voller Mineralien und Vitamine und sind dabei beinahe fettfrei. Die große Auswahl sorgt für viel Abwechslung, denn Champignon, Kräuterseitling oder Austernpilz unterscheiden sich sehr in Konsistenz und Aroma. So kommt Leben zwischen die Brötchenhälften.

Linsen gehören zu den Hülsenfrüchten und damit auch wieder zu den Eiweißlieferanten. Es gibt die unterschiedlichsten Sorten. Geschält sind sie besser verdaulich, dafür stecken in den ungeschälten mehr Vitalstoffe und Geschmack.

Auberginen kennen viele nur als Zutat in einem mediterranen Gemüsetopf. Dabei ist die Eierfrucht, wie sie auch heißt, vielseitig und als Solist ebenfalls ein Star. Man kann Auberginenscheiben wie ein Schnitzel panieren oder als Grundlage für eine kohlenhydratarme Pizza verwenden. Und natürlich ist die Aubergine auch eine wunderbare Burger-Zutat, die zudem noch reich an Kalium, Mangan und Kupfer ist.

Kürbis ist fettfrei und dabei reich an Ballaststoffen, Mineralien, Vitaminen und sekundären Pflanzenstoffen. Daher ist er nicht nur ein gesundes Lebensmittel, sondern auch ein köstlicher Schlankmacher. Es gibt die verschiedensten Sorten, von klein bis riesig, von weiß bis rot.

Avocados enthalten reichlich Fett. Die gute Nachricht: Sie besitzen außerdem eine Menge Vitamine, die nur durch Fett überhaupt gelöst und vom Organismus genutzt werden können. Kaufen Sie am besten harte Exemplare und lassen sie zusammen mit einem Apfel in einer Papiertüte reifen.

Die **Mango** ist die Königin, wenn es um Provitamin A geht. Das ist für gute Augen, eine starke Abwehr und die Zellerneuerung der Haut zuständig. Vitamin C ist auch noch drin. Reife Früchte duften köstlich und das Fruchtfleisch gibt bei vorsichtigem Druck leicht nach.

Käse

Klar, ein Burger geht auch ohne, aber für viele ist Käse das i-Tüpfelchen zwischen den Brötchenhälften. Zu welcher Sorte man greift, hängt natürlich von den eigenen Vorlieben ab. Der eine mag es mild, der andere liebt sehr würzige Sorten. Soll er auf einem Burger Karriere machen, kommt es auf seine Schmelzeigenschaften an. Die hängen vom Wasser- und Fettgehalt ab. Die einfache Formel lautet: Je mehr Fett, desto schneller und leichter schmilzt der Käse.

Achtung: Wenn Gorgonzola und anderer Blauschimmelkäse bitter oder leicht sauer riecht, ist er zu alt und wird sehr streng im Geschmack. Das gilt auch für Stücke, die braun werden. Diese dann lieber nicht mehr kaufen.

Cheddar ist eine englische Sorte, die weltweit viel gegessen wird. Für die Zubereitung eines Burgers eignet sie sich aufgrund ihres sehr guten Schmelzverhaltens optimal. Cheddar ist kräftig im Geschmack und es gibt ihn auch mit Kräutern oder Bier.

Auch **Chester** wird ursprünglich in England hergestellt. Benannt ist die Sorte nach der Grafschaft Cheshire bzw. nach deren Hauptstadt Chester. Der Käse ist ein Hartkäse, der etwas krümelig ist, solange er noch jung ist. Je älter er wird, desto kräftiger wird sein Aroma.

Gorgonzola ist vielleicht nicht gerade der typische Käse für einen Burger. Probieren Sie den Weichkäse mit Blauschimmel trotzdem und servieren Waldorfsalat oder einen fruchtigen Dip dazu.

Die Accessoires

Bun, Patty oder ein Stück Fisch oder Fleisch, fertig ist der Burger? Nein, Gemüse, Salate und Soßen sind wie die Accessoires eines gelungenen Outfits. Ohne fehlt etwas. Das kann Salat, Tomate oder Gurke sein, die dazwischengeschichtet werden. Sie kommen meist knackfrisch und roh ganz zum Schluss dazu.

Soßen runden den Genuss ab. Mayonnaise, Ketchup & Co. machen die Mahlzeit noch saftiger, würzige Dips sorgen für raffinierte Schärfe oder

EINLEITUNG

einen fruchtigen Touch. Wer Lust hat, stellt Ketchup und andere Soßen selbst her. Man weiß dann, was drin ist, immer wieder neue Geschmackserlebnisse inklusive.

Brötchen

Die Basis eines jeden Burgers ist das möglichst frisch gebackene Unterteil mit passendem Deckel. Jeder kennt die mit Sesam bestreuten weichen Weizenbrötchen. Brot – in welcher Form auch immer – ist (meist) obligatorisch. Schließlich besagt eine Theorie zur Entstehung des Burgers, dass es ein Gast um 1900 in den USA einmal sehr eilig gehabt haben soll. Der Inhaber des Lokals soll seinem Gast deshalb ein Stück Hackfleisch zwischen zwei Toastscheiben serviert haben. Die köstlichen Exemplare, deren Rezepte in diesem Buch zu finden sind, sollte man lieber in Ruhe genießen. Grundsätzlich handelt es sich aber nach wie vor um eine Mahlzeit, die man auch mitnehmen kann.

Das Brötchen muss also sein. Es gibt sie fertig zu kaufen, sie lassen sich aber auch unkompliziert selber backen. Sie haben die Wahl zwischen einer einfachen und einer raffinierten Variante:

Einfache Burgerbrötchen

Für 8 Stück:
½ Würfel Hefe
1 ½ EL Zucker
ca. 450 g Mehl (Type 1050)
1 ½ TL Salz
Mehl für die Arbeitsfläche
2 Eigelb (Größe M)
3 EL Sesamsamen

Zubereitungszeit:
40 Min.
Ruhezeit:
85 Min.
Garzeit:
25 Min.

1 Zerbröckelte Hefe mit Zucker in 100 ml lauwarmes Wasser streuen und 5 Minuten ruhen lassen. Dann umrühren und dabei Hefe auflösen.

2 450 g Mehl und Salz in eine Schüssel sieben und vermischen. Eine Mulde in die Mitte drücken und die aufgelöste Hefe hineingießen. 200 ml lauwarmes Wasser dazugeben und nach und nach Mehl vom Rand her mit den Knethaken des Handrührgerätes einrühren, bis ein fester, feuchter Teig entstanden ist.

3 Teig auf einer dünn mit Mehl bestäubten Arbeitsfläche mit den Händen ca. 10 Minuten kneten und schlagen, bis er elastisch ist und nicht mehr an den Händen klebt. Dabei so viel zusätzliches Mehl einkneten, wie der Teig aufnehmen kann. Er soll am Schluss fest sein.

4 Teig mit einem Küchentuch bedecken und ca. 1 Stunde an einem warmen Ort gehen lassen, bis er sein Volumen verdoppelt hat. Teig nochmals durchkneten und wieder 10 Minuten gehen lassen. Dann in 8 Portionen teilen und zu Kugeln formen. Auf ein Holzbrett legen, mit dem Küchentuch abdecken und 10 Minuten ruhen lassen.

5 Ofen auf 200 Grad Ober- und Unterhitze vorheizen und in einem großen Topf Wasser aufkochen. Temperatur reduzieren und Brötchen im siedenden Wasser auf beiden Seiten je 1 Minute blanchieren. Herausheben, abtropfen lassen und auf ein mit Backpapier belegtes Blech setzen.

6 Eigelb verquirlen, Buns damit einstreichen und mit Sesam bestreuen. In den Ofen schieben und 20–25 Minuten goldbraun backen. Herausnehmen und auf einem Kuchengitter auskühlen lassen.

Vegane Brötchen erhält man, wenn man braunen Zucker verwendet und die Brötchen anstatt mit Ei mit einer Mischung aus 1 EL Sojasahne und 1 EL Wasser bestreicht.

1 Kartoffeln schälen und etwas kleiner schneiden. In kochendem Salzwasser in ca. 20 Minuten weich kochen und anschließend abgießen. Kartoffeln durch eine Presse drücken und mit Milch und Butter verrühren. Das Püree abkühlen lassen.

2 Das abgekühlte Püree mit Hüttenkäse, Ei, Öl und Zucker gründlich verrühren. Mit Hefe und 300 g Mehl vermischen. Danach das restliche Mehl hinzufügen und alles in 10 Minuten zu einem glatten Teig verkneten. In einer Schüssel zugedeckt 45 Minuten aufgehen lassen.

3 Backofen auf 180 Grad Ober- und Unterhitze vorheizen. Den Teig nochmals durchkneten und in 10 Portionen teilen. Zu Kugeln rollen und mit Abstand zueinander auf einem mit Backpapier ausgelegten Backblech verteilen. Zugedeckt weitere 5 Minuten ruhen lassen.

4 Teigkugeln etwas flach drücken. Eigelb mit 4 EL Wasser verquirlen und die Teiglinge damit bestreichen. Mit Sesam bestreuen und im Backofen ca. 20 Minuten backen.

Raffinierte Burgerbrötchen

Für 10 Stück:
3 mehligkochende Kartoffeln
Salz
50 ml Milch
2 EL Butter
200 g Hüttenkäse
1 Ei (Größe M)
2 EL Sonnenblumenöl
50 g Zucker
20 g Trockenhefe
550 g Mehl (Type 405)
2 Eigelb (Größe M)
4 EL Sesamsamen

Zubereitungszeit:
40 Min.
Ruhezeit:
50 Min.
Garzeit:
40 Min.

Beim Metzger und im Fischgeschäft sollten Sie gründlich hinsehen und schnuppern. Anfassen dürfen Sie bitte nur die Produkte, die bereits in Ihrem Kühlschrank liegen und bei denen Sie nicht mehr sicher sind. Alles andere wäre unhygienisch.

Fischgeruch dagegen deutet auf alte Ware hin. Die Schuppen auf der Haut sollte man spüren können. Und auch bei Fisch gilt: Die Farbe verrät die Frische. Gelblich-braunes Filet unbedingt liegen lassen!

Bei ganzen Fischen Kiemen und Augen betrachten. Die Augen sollten sich nach außen wölben und durchscheinend, aber dunkel sein, Kiemen sind kräftig rot und glänzen. Die Ware beim Fischmann muss in Eis liegen. Achten Sie –

Der Qualitäts-Check

Mit einigen wichtigen Zutaten sind Sie nun vertraut. Stellt sich die Frage, wie man sicher sein kann, dass Fisch, Fleisch und Gemüse frisch sind. Woran erkennt man das, und worauf sollte man beim Kauf achten?

Fleisch sollte nur einen dezenten Geruch haben. Riecht es unangenehm, vielleicht sogar süßlich, ist es nicht mehr gut. Auch die Fingerprobe gibt Auskunft: Einmal den Daumen hineingedrückt und es bleibt eine klar erkennbare Mulde? Kein gutes Zeichen! Eine schmierige Oberfläche ist bei Fleisch und Wurstwaren ebenfalls ein Warnsignal. Und zuletzt spielt natürlich die Farbe eine Rolle. Schwein und Geflügel sind hellrosa, Rind ist kräftig rot. Graues oder grünliches Fleisch? Ganz schnell entsorgen!

Fisch soll nach Meer riechen, also nach Salzwasser und vielleicht ein wenig nach Algen. Strenger

auch bei Fleisch – darauf, dass die Kühlkette nicht unterbrochen wird. Ab in die Kühltasche und ganz schnell nach Hause bringen.

Scampi sollten durchsichtiges Muskelfleisch haben und ansonsten rosa sein. Je rötlich-oranger, desto weniger frisch.

Gemüse schließlich hat kräftige Farben, wenn es gut ist. Ein wichtiges Indiz ist auch die Spannkraft. Welke Blätter, biegsame Rüben? Knackfrisch ist anders.

Die Zubereitung

Die Zutaten sind gekauft, der Hunger ist da. Jetzt geht es los. Am besten Salat, Zwiebelringe, Tomate, eben alles, was roh auf den Burger kommt, zuerst vorbereiten. Alles waschen, putzen und in entsprechende Scheiben, Ringe oder Würfel schneiden. Die Soße anrühren oder bereitstellen.

Wenn Sie Hack selber machen, stellen Sie den Fleischwolf auf eine grobe Stufe ein oder wählen

den entsprechenden Aufsatz für die Küchenmaschine. Die Fleischmasse würzen und portionsweise auf Backpapier zu runden, flachen Scheiben formen. Zeichnen Sie sich vorher Muster auf das Backpapier, die etwas größer als die Brötchen sind. Das Fleisch zieht sich beim Braten oder Grillen etwas zusammen. Um perfekte Patties zu formen, können Sie auch zu einer Burger-Presse greifen. Das ist eine Form mit einer Art Stempel.

Klassisch werden die Patties gegrillt. Der Grill muss richtig heiß sein. Rost mit Öl, beispielsweise Sonnenblumenöl, bestreichen, damit das Fleisch nicht klebt. Hackscheibe drauflegen und von jeder Seite etwa 4 Minuten garen.

In der Pfanne geht's natürlich auch. Geben Sie zunächst etwas Fett hinein. Auch hier gilt: Erst bei sehr hohen Temperaturen das Fleisch einlegen, damit sich die Poren schnell schließen.

Um zu testen, ob das Fett in einer Pfanne heiß genug ist, halten Sie einen Holzlöffel hinein. Wenn sich an dessen Rand kleine Bläschen zeigen, stimmt die Temperatur.

Schließlich kann man Patties auch im Ofen machen. Am besten auf einen mit Backpapier belegten Rost geben und Grillfunktion oder 180 Grad Ober- und Unterhitze wählen. Für den Extra-Pfiff kurz in der Pfanne anbraten, dann für rund 20 Minuten ab damit in den Ofen.

Egal, wie Sie den klassischen Hacktaler garen, wenn Käse im Spiel ist, immer etwa 1 Minute vor Ende der Bratzeit auf das Fleisch geben, damit er noch schmelzen kann. Und: Brötchenhälften ebenfalls eine Minute vor Ende der Garzeit auf dem Grill oder in der Pfanne mit der nach innen zeigenden Seite anrösten.

Auch beim Burger isst das Auge mit. Streichen Sie darum nicht zu viel Soße auf die untere Brötchenhälfte, damit sie nicht herausquillt. Lieber ein Schälchen extra dazustellen. Fleisch, Fisch oder vegetarische Patties auflegen, die anderen Zutaten daraufschichten und zum Schluss die obere Brötchenhälfte aufsetzen. Das Ganze auf einen Teller geben und Beilagen mit Abstand zum Burger anrichten.

Zur Dekoration können Sie beispielsweise eine kleine Fahne in den Snack stecken. Die ist mit Papier und Zahnstocher schnell selbst gemacht. Zur mediterranen Variante passt eine italienische Flagge, zum Lachsburger ein Fisch mit Wellen.

Vorsicht, Falle!
Cheesburger & Co. sind Fast Food. Dafür braucht man nicht kochen können? Falsch. Die handlichen Köstlichkeiten sind zwar recht unkompliziert, es kann aber trotzdem etwas schiefgehen.

Folgende Tipps schützen Sie vor kleinen Katastrophen:
- Hauptbelag nicht zu stark würzen, denn aromatische Soßen und Beilagen bringen auch noch jede Menge Geschmack dazu.
- Patties sind keine Frikadellen! Paniermehl gehört nicht hinein; kann man gar nicht darauf verzichten, muss zwingend Ei hinein.
- Je dünner der Fleischtaler, desto leichter lässt sich der Burger stapeln. Leider wächst aber auch die Gefahr, dass die Scheibe zerfällt. Einfach vor Verwendung einfrieren, dann hält sie besser.
- Patty bis zur letzten Sekunde kühlen, sonst verliert es seine Saftigkeit.
- Fleisch in der Pfanne und auf dem Rost nicht platt drücken. Es brät dadurch nicht intensiver, verliert aber Feuchtigkeit.
- Immer einen Pfannenwender benutzen. Hackscheibe möglichst nur ein- bis maximal zweimal umdrehen, damit sie am Ende nicht doch bricht.

KLASSISCH-UNKOMPLIZIERT MIT FLEISCH & GEFLÜGEL

CLASSIC BURGER

Für 4 Stück:
500 g Rinderhackfleisch
Salz
Pfeffer aus der Mühle
2 Tomaten
1 Salatgurke
2 rote Zwiebeln
8 Blätter Kopfsalat
4 EL Olivenöl
4 Burgerbrötchen
4 Scheiben Cheddar
4 EL Tomatenketchup
2 EL mittelscharfer Senf

Zubereitungszeit:
20 Min.

1 Das Hackfleisch mit Salz und frisch gemahlenem Pfeffer würzen. Mit feuchten Händen zu 4 je 1 cm dicken Patties formen. Diese dann auf Backpapier legen und 10 Minuten einfrieren.

2 Inzwischen die Tomaten waschen, putzen und in dünne Scheiben schneiden. Gurke waschen und ebenfalls in dünne Scheiben schneiden. Zwiebel abziehen und in sehr feine Scheiben schneiden. Die Salatblätter waschen und trocken tupfen.

3 Patties aus dem Gefrierfach nehmen und mit je 1 EL Öl einstreichen. Eine beschichtete Pfanne erhitzen und Frikadellen darin auf jeder Seite ca. 3 Minuten braten.

4 Die Burgerbrötchen halbieren und erwärmen. Je 1 Scheibe Cheddar auf die Fleischtaler legen, solange sie noch in der Pfanne sind. Die Pfanne vom Herd ziehen und den Käse leicht schmelzen lassen.

5 Die Brötchenhälften mit Ketchup und etwas Senf bestreichen. Auf die jeweils unteren Hälften Salatblätter und Fleischtaler legen. Darauf Tomaten-, Gurken- und Zwiebelscheiben sowie Salat geben. Die oberen Brötchenhälften auflegen und die Burger leicht zusammendrücken.

TIPP

Der Klassiker kann auch super auf Vorrat vorbereitet werden, denn die Patties lassen sich vor dem Braten wunderbar einfrieren. Dabei darauf achten, dass die Gefrierbeutel sehr fest verschlossen sind.

DOUBLE-CHEESEBURGER

Für 4 Stück:
5 Eier (Größe M)
8 Burgerbrötchen
600 g Rinderhackfleisch
Salz
Pfeffer aus der Mühle
3 EL Salatmayonnaise
4 Blätter Lollo bionda
2 Tomaten
8 Scheiben Frühstücksspeck (Bacon)
3 EL Sonnenblumenöl
8 Scheiben Edamer

Zubereitungszeit:
25 Min.

1 4 Eier an den Unterseiten anstechen und in ca. 10 Minuten hart kochen. Anschließend kalt abschrecken, schälen und würfeln.

2 Während die Eier kochen, die Burgerbrötchen einmal waagerecht halbieren. 4 Oberhälften und alle 8 Unterhälften beiseitelegen. Die restlichen Oberhälften fein zerkrümeln und zum Hackfleisch geben. Gründlich mit dem Fleisch und dem übrigen Ei verkneten. Mit Salz und frisch gemahlenem Pfeffer würzen. Die Fleischmasse im Kühlschrank zugedeckt kalt stellen.

3 Die gehackten Eier in eine Schüssel geben. Dann Mayonnaise zugeben und das Ganze vorsichtig zu einem Eiersalat verrühren.

4 Salatblätter waschen und trocken schütteln. Tomaten waschen, trocken tupfen, von Stielansätzen befreien und Fruchtfleisch in Scheiben schneiden. Frühstücksspeck von beiden Seiten in einer Pfanne ohne Fettzugabe rösten und warm stellen.

5 Die Hackfleischmasse in 8 Portionen teilen und flache Patties formen. Das Sonnenblumenöl in einer Pfanne erhitzen und die Frikadellen darin bei mittlerer Hitze von beiden Seiten jeweils 5–6 Minuten braten. 1 Minute vor Ende der Garzeit mit dem Käse belegen.

6 Die beiseitegelegten Brötchenhälften toasten und die Unterhälften mit dem Eiersalat bestreichen. Den Bacon jeweils auf dem Eiersalat verteilen und die Patties auflegen. Jeweils 2 belegte Unterhälften aufeinanderstapeln, mit Tomatenscheiben und Salatblättern belegen und dann 1 Brötchen-Oberhälfte aufsetzen.

LAMMBURGER MIT KÄSEFÜLLUNG

Für 6 Stück:
- 6 Blätter grüner Salat
- 2 Tomaten
- 2 Scheiben Kastenweißbrot oder Sandwichtoast
- ½ Zwiebel
- 500 g TK-Lammhackfleisch (z. B. aus Neuseeland), aufgetaut
- 1 TL gemischte getrocknete Kräuter
- ½ TL Salz
- 4 EL passierte Tomaten (Dose oder Tetrapak)
- 1 TL Sojasoße
- 2 TL Worcestershire-Soße
- 1 TL Rinderbrühe-Extrakt
- 1 Ei (Größe M)
- 6 EL würziger Käse (z. B. Bergkäse), gerieben
- 6 Brötchen
- Burger-Dressing

Zubereitungszeit: 20 Min.

1 Salatblätter abbrausen und trocken tupfen. Die Tomaten waschen, trocken reiben, putzen und in dünne Scheiben schneiden.

2 Weißbrot im Blitzhacker fein zerkrümeln. Zwiebel schälen und fein hacken. Beides mit Hackfleisch, getrockneten Kräutern, Salz, passierten Tomaten, Soja- und Worcestershire-Soße, Brühe-Extrakt und Ei in eine große Schüssel geben und gründlich vermengen.

3 Die Hackmasse in 6 etwa tennisballgroße Portionen teilen. Je 1 EL geriebenen Käse zu einem Taler zusammendrücken, jeweils mittig in jede Hackkugel geben und diese darum zu flachen Burgern formen.

4 Die Patties auf den heißen Grill oder in die Grillpfanne geben. Ca. 4 Minuten von jeder Seite gar braten. Anschließend bei Bedarf warm halten. Brötchen halbieren und erwärmen.

5 Auf die unteren Hälften der Brötchen etwas Burger-Dressing geben. Salatblätter und Tomatenscheiben darauf verteilen. Fleisch-Patties daraufgeben, nach Wunsch noch ein wenig Dressing darauf verteilen und die oberen Brötchenhälften aufsetzen.

TIPP

Natürlich eignen sich hier als Soßen auch Ketchup, Mayonnaise oder ein Thousand-Island-Dressing. Erlaubt ist, was schmeckt!

PUTENBURGER MIT RUCOLA

Für 4 Stück:
4 Zwiebeln
4 kleine Putenschnitzel
(à ca. 100 g)
Pfeffer aus der Mühle
60 g Rucola
8 EL Rapsöl
Salz
4 Vollkornbrötchen mit ganzen Körnern
2 EL Dijonnaise (Senf-mayonnaise)

Zubereitungszeit:
20 Min.

1 Zwiebeln schälen, halbieren und in feine Scheiben schneiden. Schnitzel unter fließendem kaltem Wasser waschen, mit Küchenpapier trocken tupfen und mit frisch gemahlenem Pfeffer gut würzen.

2 Rucola putzen, waschen und gut abtropfen lassen. Harte Stielenden entfernen und Rucola in mundgerechte Stücke zupfen oder schneiden.

3 4 EL Öl in einer Pfanne erhitzen und Zwiebeln darin ca. 10 Minuten goldbraun braten. Restliches Öl in einer zweiten Pfanne erhitzen und die Schnitzel darin von beiden Seiten ca. 2 Minuten braten. Anschließend salzen und abkühlen lassen.

4 Die Brötchen halbieren und die unteren Hälften dünn mit Dijonnaise bestreichen. Die abgekühlten Schnitzel darauflegen, Zwiebel und Rucola darauf verteilen und die oberen Hälften der Brötchen auflegen. Etwas andrücken.

TIPP

Wer mag, kann die Putenburger natürlich auch in klassischen Burgerbrötchen servieren.

MINI-HAMBURGER

Für 12 Stück:
3 Tomaten
1 Handvoll Feldsalat oder Wildkräuter
500 g Rinderhackfleisch
Salz
Pfeffer aus der Mühle
2 EL Butterschmalz
12 kleine Sesambrötchen (Partybrötchen)
4 EL Tomatenketchup

Zubereitungszeit:
20 Min.

1 Tomaten waschen, trocknen und in Scheiben schneiden, dabei Stielansätze entfernen. Salat oder Kräuter waschen, trocken schleudern und bei Bedarf kleiner zupfen.

2 Das Hackfleisch mit etwas Salz und frisch gemahlenem Pfeffer vermengen und 12 kleine Frikadellen daraus formen. Butterschmalz in einer Pfanne erhitzen und die Frikadellen darin von jeder Seite 3–4 Minuten braten.

3 Sesambrötchen quer halbieren und die unteren Hälften mit Ketchup bestreichen. Jeweils 1 Patty auf die unteren Brötchenhälften legen, mit Tomaten und Salat oder Kräutern belegen. Die oberen Brötchenhälften auflegen und mit Party- oder Holzspießchen feststecken.

TIPP

Wer dem Ketchup einen besonderen Pfiff geben will, versucht es mit einem selbst gemachten fruchtigen Ketchup. Dafür 150 g frische Cranberrys mit 300 ml Cranberrynektar in einen großen Topf geben und aufkochen. 25 g Zucker, 2 Nelken, ½ Zimtstange, 1 grünen Koriandersamen, ½ Lorbeerblatt und 5 schwarze Pfefferkörner zugeben. Das Ganze ca. 2 Stunden leise köcheln lassen, bis die Cranberrys zerkocht sind und der Nektar zu reduzieren beginnt. Dabei ab und zu umrühren. Danach 50 ml Rotweinessig zugeben und das Ganze ca. 15 Minuten stark kochen lassen. Zum Schluss je 1 EL Tomatenmark und -ketchup einrühren. Kurz aufkochen lassen, dann das fruchtige Ketchup durch ein Sieb streichen und auskühlen lassen.

BURGER MIT KNUSPERHÄHNCHEN

Für 4 Stück:

2 frische Eigelb (Größe M)
1 TL Senf
250 ml Sonnenblumenöl
1–2 EL Weißweinessig
Salz
Pfeffer aus der Mühle
1 Prise Zucker
2 EL Paprikamark
4 Burgerbrötchen
2 Strauchtomaten
1 kleine Freilandgurke
1 Bd. Rucola
4 Hähnchenschnitzel (à ca. 80 g)
50 g Mehl (Type 405)
1 Schuss Milch
1 Ei (Größe M)
100 g Paniermehl
100 g gehackte Haselnüsse
100 g Butterschmalz

Zubereitungszeit:
30 Min.

1 Eigelb und Senf in einer Rührschüssel mit einem Schneebesen glatt verrühren. Das Öl zunächst tröpfchenweise unterschlagen, dann in einem dünnen Strahl einfließen lassen und alles zu einer cremigen Mayonnaise aufschlagen.

2 Weißweinessig unterrühren und das Ganze mit Salz, frisch gemahlenem Pfeffer und Zucker abschmecken. Das Paprikamark glatt unter die Mayonnaise rühren und dann die Paprika-Mayonnaise kalt stellen.

3 Die Burgerbrötchen quer halbieren und im vorgeheizten Backofen bei 175 Grad Ober- und Unterhitze (155 Grad Umluft) ca. 5 Minuten aufbacken. Tomaten und Gurke waschen und in Scheiben schneiden. Rucola putzen, waschen und trocken schütteln.

4 Hähnchenschnitzel waschen und trocken tupfen. Von beiden Seiten mit Salz und Pfeffer würzen. Drei Teller für die Panade vorbereiten: Auf einen das Mehl geben, auf den zweiten das mit Milch verquirlte Ei und auf dem dritten Paniermehl und Haselnüsse vermischen.

5 Das Fleisch zuerst in Mehl wenden, dann durch das Ei ziehen und danach gut abtropfen lassen. Zum Schluss die Schnitzel im Paniermehl wenden. Die Schnitzel in Butterschmalz schwimmend ausbacken, bis sie goldbraun sind. Auf Küchenpapier entfetten lassen.

6 Auf den unteren Hälften der Burgerbrötchen etwas Paprika-Mayonnaise verteilen und Tomate, Gurke und Rucola daraufgeben. Die Hähnchenschnitzel darauflegen. Zum Schluss nochmals etwas Paprika-Mayonnaise auf das Fleisch geben und die oberen Brötchenhälften aufsetzen.

BURGER MIT PAPRIKA UND BOHNEN

Für 4 Stück:
600 g Rinderhackfleisch
Salz
Pfeffer aus der Mühle
1 rote Paprikaschote
1 gelbe Paprikaschote
2 Tomaten
150 g Keniabohnen
1 rote Zwiebel
4 Burgerbrötchen
8 schwarze entsteinte Oliven

Zubereitungszeit:
30 Min.

1 Das Hackfleisch leicht mit Salz und frisch gemahlenem Pfeffer würzen. Dann in 4 Portionen teilen und daraus runde, flache Patties formen. Bis zur Weiterverarbeitung in den Kühlschrank stellen.

2 Paprikaschoten waschen, von Kernen sowie Innenhäuten befreien und Schoten in dünne Streifen schneiden. Tomaten waschen, trocken reiben und halbieren. Dann entkernen und das Fruchtfleisch würfeln.

3 Keniabohnen putzen, waschen und in kochendem Salzwasser 4 Minuten blanchieren. Anschließend in Eiswasser abschrecken und abtropfen lassen. Die rote Zwiebel schälen und in dünne Ringe schneiden.

4 Eine beschichtete Grillpfanne erhitzen und die Patties darin bei mittlerer Temperatur von jeder Seite ca. 5 Minuten braten. Dabei zuerst von beiden Seiten kräftig anbraten, damit sich das Fleisch nicht verformt.

5 Die Brötchen halbieren und die Schnittflächen leicht anrösten. Die unteren Hälften mit Bohnen, Paprika und Tomate belegen. Dann die Patties daraufsetzen und diese mit Zwiebelringen und Oliven belegen. Die oberen Brötchenhälften aufsetzen.

KLEINE GORGONZOLA-BURGER
(Abb. links)

Für 4 Stück:
1 Schalotte
50 g Champignons
1 Scheibe Frühstücks-
speck (Bacon)
1 TL Olivenöl
1 TL Salz
1 TL Pfeffer aus der Mühle
1 TL Worcestershire-Soße
1 Ei (Größe M)
125 g Rinderhackfleisch
30 g Gorgonzola
8 Walnusshälften
4 kleine Burgerbrötchen
Tomatenscheiben, Zwiebel-
ringe, Salatblätter nach
Geschmack

Zubereitungszeit:
30 Min.

1 Schalotte schälen und Champignons putzen, dann beides mit dem Speck fein hacken. Öl in einem Topf auf mittlere Hitze erwärmen und den Speck anbraten; er sollte aber nicht knusprig werden. Schalotte hinzufügen und glasig dünsten. Pilze zufügen und alles 5 Minuten braten.

2 Speckmischung in einer Schüssel abkühlen lassen. Salz, Pfeffer, Worcestershire-Soße und Ei zugeben. Dann alles mit dem Hackfleisch vermengen. Gorgonzola in 4 Stücke teilen.

3 Hackfleisch in 4 Portionen teilen. Daraus jeweils ca. 4 cm dicke Patties formen. In die Mitte jedes Bratlings 1 Stück Käse und 2 Walnusskerne drücken.

4 Die Bratlinge bei mittlerer Hitze grillen. Burgerbrötchen halbieren, erwärmen und Patties auf die unteren Hälften legen. Tomatenscheiben, Zwiebelringe und Salatblätter daraufgeben und obere Brötchenhälften aufsetzen.

TIPP

Auch gut: nussiger Burger mit Äpfeln (Abb. rechts). Dafür 4 EL Paniermehl, ½ TL getrockneten Estragon, je 1 Prise Piment, geriebene Muskatnuss, Zimt, Salz, Pfeffer sowie gemahlene Nelken gut vermischen. 1 kleine gehackte Zwiebel mit 2 EL gehackten getrockneten Äpfeln, 2 EL gehackten Walnüssen und 1 gehackten Knoblauchzehe zu den Gewürzen geben. 1 EL Wasser, 2 TL Ahornsirup und 1 Ei hinzufügen. 125 g Schweinehackfleisch zugeben und alles verkneten. Aus der Masse 4 Bratlinge in Handtellergröße formen. Bei mittlerer Hitze grillen oder braten und mit beliebigen Zutaten wie Tomatenscheiben, gebratenen Zwiebelringen oder Salat in 4 Burgerbrötchen geben.

GEMÜSE-PUTEN-BURGER

Für 4 Stück:
2 rote Paprikaschoten
1 Zwiebel
100 g stückige Tomaten (Dose)
Salz
Pfeffer aus der Mühle
½ Bd. glatte Petersilie
400 g Putenhackfleisch
30 g Paniermehl
4 EL Rapsöl
4 Burgerbrötchen

Zubereitungszeit:
30 Min.

1 Paprikaschoten waschen, putzen und in kleine Würfel schneiden. Zwiebel abziehen und hacken. Die Hälfte der Paprikawürfel mit den gehackten Tomaten in den Standmixer geben und zu einer Soße pürieren. Mit Salz und frisch gemahlenem Pfeffer würzen.

2 Petersilie kalt abbrausen, trocken schütteln und die Blätter hacken. Dann mit den übrigen Paprikawürfeln und der Hälfte der gehackten Zwiebel vermischen.

3 Das Putenhackfleisch mit Salz und Pfeffer würzen. Die restliche Zwiebel mit Paniermehl dazugeben und das Ganze gründlich verkneten. 10 Minuten quellen lassen. Anschließend daraus 4 flache Patties formen.

4 Das Rapsöl in einer beschichteten Pfanne erhitzen. Patties hineingeben und Putenburger darin von beiden Seiten insgesamt ca. 10 Minuten braten.

5 Die Burgerbrötchen halbieren und die Schnittflächen anrösten. Dann die Unterhälften mit der Paprikasoße bestreichen. Zuerst die Puten-Patties, dann die Paprikawürfel daraufgeben. Oberhälften der Brötchen aufsetzen und leicht andrücken.

BACON-GORGONZOLA-BURGER MIT EI

Für 4 Stück:

- 3 rote Zwiebeln
- 2 EL Butter
- 4 Blätter grüner Salat
- 1 Tomate
- 2 Gewürzgurken
- 8 Scheiben Frühstücksspeck (Bacon)
- 100 g Gorgonzola
- 400 g Rinderhackfleisch
- Salz
- Pfeffer aus der Mühle
- 4 Eier (Größe M)
- 4 Brötchen

Zubereitungszeit:
30 Min.

1 Die Zwiebeln schälen und in feine Streifen schneiden. 1 EL Butter in eine Pfanne geben, erhitzen und die Zwiebeln darin anbraten, bis sie leicht gebräunt sind. Anschließend beiseitestellen.

2 Salatblätter kalt abbrausen und trocken schütteln. Tomate waschen, trocken tupfen und mit den Gewürzgurken in dünne Scheiben schneiden.

3 Frühstücksspeck ohne Fettzugabe in eine heiße Pfanne geben und von beiden Seiten kross braten. Danach beiseitestellen. Gorgonzola in 4 Scheiben schneiden.

4 Das Hackfleisch mit Salz und frisch gemahlenem Pfeffer würzen und durchkneten. Dann aus der Masse 4 flache Patties formen. Eine Grillpfanne erhitzen und das Fleisch darin von beiden Seiten jeweils 5–6 Minuten braten.

5 Die übrige Butter in einer beschichteten Pfanne erhitzen. Die Eier darin zu Spiegeleiern braten. Mit Salz und frisch gemahlenem Pfeffer würzen.

6 Die Brötchen halbieren und die unteren Hälften mit Zwiebeln, Salat und Tomate belegen. Patties daraufgeben und anschließend Käse, Gurken, Speck und Spiegeleier obenauf setzen. Die oberen Brötchenhälften aufsetzen und dann leicht andrücken.

TATAR-BURGER

Für 4 Stück:
3 Gewürzgurken
4 Schalotten
1 TL Kapern
1 Ei, hart gekocht (Größe M)
3 EL Mayonnaise
1 EL Naturjoghurt
Salz
Pfeffer aus der Mühle
500 g Schabefleisch vom Rind
1 Handvoll Rucola
4 Burgerbrötchen

Zubereitungszeit:
20 Min.

1 Die Gewürzgurken in sehr feine Würfel schneiden. Schalotten schälen und ebenfalls fein würfeln. Kapern hacken. Das Ei pellen und hacken.

2 Mayonnaise mit Joghurt, Kapern, Ei und mit jeweils der Hälfte der Gurken und Schalotten zu einer glatten Remoulade verrühren. Mit wenig Salz und Pfeffer abschmecken.

3 Die übrigen Gurken und Schalotten zum Schabefleisch geben und das Ganze gründlich vermischen. Mit Salz und frisch gemahlenem Pfeffer würzen. Rucola kalt abbrausen und trocken schütteln.

4 Die Burgerbrötchen halbieren und die Schnittflächen leicht anrösten. Die Unterseiten mit Remoulade bestreichen. Mit Rucola belegen und Tatar darauf verteilen. Oberhälften der Brötchen aufsetzen.

—— TIPP ——

Schabefleisch erhält man im Handel auch unter der Bezeichnung Beefsteakhack oder natürlich als Tatar. Es wird aus fettarmem Muskelfleisch vom Rind gewonnen, das keine Sehnen besitzt. Es ist zudem noch feiner zerkleinert als herkömmliches Hackfleisch.

CHEESEBURGER MIT AVOCADO

Für 4 Stück:
5 Stängel Koriander
600 g Rinderhackfleisch
1 Ei (Größe M)
2 TL Senf
Salz
Pfeffer aus der Mühle
2 Tomaten
1 rote Zwiebel
1 reife Avocado
4 Scheiben Cheddar
4 Burgerbrötchen
4 EL Mayonnaise
Rucola und Basilikum zum Garnieren

Zubereitungszeit:
20 Min.

1 Koriander waschen, trocken schütteln und die Blättchen klein schneiden. Das Hackfleisch mit Ei, Koriander und Senf vermischen sowie mit Salz und frisch gemahlenem Pfeffer abschmecken. Kalt stellen.

2 Die Tomaten waschen, trocken reiben und in Scheiben schneiden. Zwiebel schälen und in dünne Ringe schneiden. Avocado halbieren, entsteinen und das Fruchtfleisch mit einem Esslöffel im Ganzen aus der Schale heben. Dann in dünne Spalten schneiden.

3 Eine Grillpfanne ohne Fett erhitzen. Aus der Hackfleischmasse 4 Patties formen und in der Grillpfanne von beiden Seiten jeweils 5–6 Minuten braten. Nach dem Wenden mit Cheddar belegen.

4 Burgerbrötchen halbieren und die Unterseiten mit Mayonnaise bestreichen. Mit Avocado belegen und dann Tomate sowie Fleisch darauflegen. Zwiebelringe daraufgeben und mit Basilikum und Rucola garnieren. Die Oberhälften der Brötchen auflegen.

TIPP

Zu diesem kalifornisch inspirierten Burger passen Klassiker wie Kartoffelecken.

DOUBLE-BURGER MIT HÄHNCHEN

Für 4 Stück:
4 große Hähnchenbrustfilets
Pfeffer aus der Mühle
4 Tomaten
8 Blätter grüner Salat
4 EL Mayonnaise
4 EL griechischer Naturjoghurt
Salz
4 Brötchen

Zubereitungszeit:
20 Min.

1 Die Hähnchenbrustfilets unter fließendem kaltem Wasser waschen und mit Küchenpapier gründlich trocken tupfen. Die Filets waagerecht halbieren und leicht flach klopfen. Mit frisch gemahlenem Pfeffer würzen.

2 Tomaten waschen und in dünne Scheiben schneiden. Die Salatblätter kalt abbrausen und trocken schütteln. Mayonnaise mit Joghurt glatt verrühren und dann das Ganze mit Salz sowie frisch gemahlenem Pfeffer würzen.

3 Eine Grillpfanne ohne Fettzugabe erhitzen. Die vorbereiteten Hähnchenbrustfilets hineingeben und von beiden Seiten jeweils 3–4 Minuten braten. Danach mit Salz würzen.

4 Die Brötchen halbieren und auf die unteren Hälften jeweils etwas Mayonnaise-Joghurt-Mischung geben. Darauf dann Hähnchen, Tomaten und Salat setzen. Den Vorgang wiederholen und mit Mayonnaise abschließen. Die oberen Brötchenhälften aufsetzen.

—— TIPP ——

Natürlich bietet sich hier auch Putenbrust an. Beim Braten darauf achten, dass man das Fleisch kräftig anbrät und dann nicht zu lange in der Pfanne lässt, sonst kann es trocken werden. Es sollte aber auf jeden Fall durchgegart sein!

PUTENBURGER MIT KÄSEDRESSING

Für 4 Stück:
- 600 g Putenhackfleisch
- 1 Eigelb (Größe M)
- 40 g Paniermehl
- Salz
- Pfeffer aus der Mühle
- ½ Bd. glatte Petersilie
- 1 Handvoll Rucola
- 50 g Roquefort
- 3 EL Sahne
- 4 EL Mayonnaise
- 2 EL Rapsöl
- 4 Brötchen

Zubereitungszeit:
30 Min.

1 Das Hackfleisch mit Eigelb und Paniermehl verkneten. Mit Salz und frisch gemahlenem Pfeffer würzen. Petersilie waschen, trocken schütteln und die Blätter fein hacken, dann unter das Fleisch mengen und alles kalt stellen. Rucola waschen und trocken schütteln.

2 Roquefort in Würfel schneiden und zusammen mit der Sahne in einen Topf geben. Das Ganze langsam unter Rühren erwärmen, bis sich der Käse aufgelöst hat. Auf Zimmertemperatur abkühlen lassen und mit der Mayonnaise zu einem glatten Käsedressing verrühren.

3 Aus dem Hackfleisch 4 Patties formen. Das Öl in einer Pfanne erhitzen und die Burger darin bei mittlerer Temperatur von beiden Seiten jeweils ca. 6 Minuten braten.

4 Die Brötchen halbieren und die unteren Hälften mit Rucola belegen. Gebratene Patties daraufsetzen und Käsedressing daraufgeben. Obere Brötchenhälften aufsetzen und leicht andrücken.

TIPP

Zu diesen Burgern passen frittierte Kartoffelscheiben. Wer mag, kann das Fleisch auch selbst durch den Fleischwolf drehen; dann am besten Putenbrust verwenden. Alternativ Hühnerbrust kaufen.

BACONBURGER MIT ANANAS

Für 4 Stück:
600 g Rinderhackfleisch
Salz
Pfeffer aus der Mühle
8 Scheiben Frühstücks-
speck (Bacon)
2 Tomaten
1 kleiner Kopf Romana-
salat
300 g Ananas
1 EL Butter
4 Scheiben Emmentaler
4 Burgerbrötchen

Zubereitungszeit:
25 Min.

1 Das Hackfleisch in eine Schale geben. Leicht mit Salz und frisch gemahlenem Pfeffer würzen und dann durchkneten. Aus der Masse 4 Patties formen und diese mit jeweils 2 Streifen Bacon umwickeln. Kalt stellen.

2 Die Tomaten waschen, trocken reiben und in Scheiben schneiden. Romanasalat putzen, waschen und in die Blätter teilen.

3 Ananas schälen und in 4 dünne Scheiben schneiden. Eine Grillpfanne erhitzen und die Burger darin rundum insgesamt 10–12 Minuten bei mittlerer Hitze braten. Der Speck sollte kross werden.

4 In der Zwischenzeit in einer weiteren Pfanne die Butter zerlassen. Ananasscheiben hineingeben und von beiden Seiten braten, bis sie leicht gebräunt sind. Ananas nach dem Wenden mit Käse belegen.

5 Burgerbrötchen halbieren und die Schnittflächen anrösten. Die unteren Hälften zuerst mit Ananas, dann mit Salat, Tomaten und Fleisch belegen. Die oberen Brötchenhälften aufsetzen und servieren.

TIPP

Wer mag, gibt auf die unteren Brötchenhälften und auf das Fleisch noch etwas Burger-Dressing oder Ketchup.

CHEESEBURGER MIT WAGYU-RIND
(Abb. S. 15)

Für 4 Stück:
1 kleiner Kopf Romanasalat
4 kleine Strauchtomaten
1 milde Zwiebel
4 Burgerbrötchen
200 g Wagyu-Rindfleisch
400 g Rinderhackfleisch
Fleur de Sel
Pfeffer aus der Mühle
Worcestershire-Soße
½ TL Dijon-Senf
4 Scheiben Cheddar

Zubereitungszeit:
20 Min.

1 Den Salat waschen, putzen und in seine Blätter zerteilen. Tomaten waschen, trocken tupfen und in Scheiben schneiden. Zwiebel schälen und in Ringe schneiden. Die Burgerbrötchen halbieren.

2 Das Wagyu-Fleisch durch den Fleischwolf zu Hackfleisch drehen und mit dem Rinderhack in eine Schüssel geben. Etwas Fleur de Sel im Mörser mahlen und zum Fleisch geben. Dann alles mit frisch gemahlenem Pfeffer und Worcestershire-Soße würzen. Dijon-Senf zugeben und das Ganze behutsam verkneten.

3 Aus dem Fleisch 4 flache Patties formen. Die Burger in einer heißen Grillpfanne von beiden Seiten jeweils ca. 2 Minuten garen. Nach dem Wenden mit je 1 Scheibe Cheddar belegen.

4 Die Schnittflächen der Burgerbrötchen leicht anrösten. Die unteren Hälften mit Salatblättern belegen. Wagyu-Patties daraufsetzen, Tomaten und Zwiebeln obenauf geben und die oberen Brötchenhälften aufsetzen.

TIPP
Das Fleisch vom Wagyu-Rind gilt als besondere Delikatesse und das teuerste weltweit; es stammt aus Japan. Dieses Rezept lässt sich natürlich nach Belieben veredeln; so kann man die Frikadellen mit etwas kräftigem Rotwein ablöschen. Oder man dünstet zuvor 1 gehackte Schalotte und mengt sie unter das Fleisch.

EINFACH LECKER MIT FISCH & CO.

LACHSBURGER VOM GRILL

Für 4 Stück:
4 Endivien- oder andere grüne Salatblätter
1 Tomate
1 kleine Salatgurke
400 g norwegisches Lachsfilet ohne Haut und Gräten
½ Bd. Schnittlauch
1 TL Salz
½ TL Pfeffer aus der Mühle
neutrales Öl
4 Burgerbrötchen
Burger-Dressing

Zubereitungszeit:
30 Min.

1 Salatblätter kalt abbrausen und trocken tupfen. Tomate waschen und in Scheiben schneiden. Gurke ebenfalls waschen und in Scheiben schneiden.

2 Den Grill vorheizen. In der Zwischenzeit den Lachs kalt abbrausen, trocken tupfen und sehr fein hacken. Schnittlauch kalt abbrausen, trocken schütteln und in feine Röllchen schneiden.

3 Lachs mit Schnittlauch vermengen und das Ganze mit Salz und frisch gemahlenem Pfeffer würzen. Aus der Masse flache Lachs-Patties formen. 4 Stücke Alufolie jeweils vierfach falten und mit Öl bestreichen.

4 Lachsfrikadellen auf die geölte Folie setzen und auf dem heißen Grill von jeder Seite ca. 2 Minuten grillen. Die Burgerbrötchen halbieren und erwärmen.

5 Auf alle Brötchenhälften Burger-Dressing geben. Auf die unteren Hälften jeweils Salatblätter und Tomatenscheiben legen. Lachs-Patties daraufgeben und mit Gurkenscheiben belegen. Die oberen Brötchenhälften aufsetzen und Burger servieren.

TIPP

Wahlweise kann man die Lachsburger natürlich auch in der Pfanne garen. Dazu ebenfalls ca. 2 Minuten von jeder Seite braten.

EINFACHER FISCHBURGER

Für 4 Stück:
3 Eier (Größe M)
2 Gewürzgurken
2 Schalotten
¼ Bd. Schnittlauch
5 EL Mayonnaise
2 EL Naturjoghurt
Salz
Pfeffer aus der Mühle
350 g Fischfilet nach Angebot
50 g Mehl (Type 405)
80 g Paniermehl
40 g Butter
4 Burgerbrötchen
Zitronenspalten zum Garnieren

Zubereitungszeit:
25 Min.

1 2 Eier an den unteren Seiten anstechen und in ca. 10 Minuten hart kochen. Anschließend eiskalt abschrecken, pellen und hacken. Gewürzgurken fein würfeln. Schalotten schälen und hacken. Schnittlauch kalt abbrausen, trocken tupfen und in feine Röllchen schneiden.

2 Gehackte Eier, Gurken, Schalotten und Schnittlauch mit Mayonnaise und Joghurt glatt verrühren. Mit Salz und frisch gemahlenem Pfeffer abschmecken.

3 Das Fischfilet kalt waschen und mit Küchenpapier trocken tupfen. In 4 gleich große flache Stücke schneiden. Dann den Fisch von beiden Seiten mit Salz und frisch gemahlenem Pfeffer würzen.

4 Das übrige Ei in einen tiefen Teller geben und mit 3 EL Wasser verquirlen. Mehl und Paniermehl getrennt voneinander ebenfalls in tiefe Teller geben. Die Fischstücke zunächst im Mehl wälzen, dann durch die Eimischung ziehen und zum Schluss im Paniermehl wenden.

5 Butter in einer beschichteten Pfanne erhitzen und den panierten Fisch darin von beiden Seiten je 3–5 Minuten braten. In der Zwischenzeit die Brötchen halbieren und die Schnittflächen leicht rösten.

6 Die Unterhälften der Brötchen mit der vorbereiteten Soße bestreichen. Die Fischstücke darauflegen und die Oberhälften der Brötchen daraufsetzen. Nach Belieben mit Holzstäbchen feststecken und mit Zitronenspalten garnieren.

CRAB-BURGER

Für 8 Stück:
½ Bd. Schnittlauch
400 g Krebsfleisch
(alternativ Surimi)
3 Eigelb (Größe M)
2 EL Paniermehl
Salz
Pfeffer aus der Mühle
8 Blätter grüner Salat
1 rote Zwiebel
4 EL Mayonnaise
3 EL Crème fraîche
1 Gewürzgurke
1 EL Gurkenwasser
4 EL Olivenöl
8 Toasties

Zubereitungszeit:
30 Min.

1 Für die Crab-Patties den Schnittlauch waschen, mit Küchenpapier trocken tupfen und in feine Röllchen schneiden. Krebsfleisch oder Surimi mit dem Eigelb in den Mixer geben und pürieren.

2 Das Paniermehl und die Hälfte des Schnittlauchs unterrühren und alles mit Salz und frisch gemahlenem Pfeffer abschmecken. Das Krebsfleischpüree 20 Minuten ziehen lassen.

3 Inzwischen die Salatblätter waschen und trocken tupfen. Die Zwiebel abziehen und in Ringe schneiden.

4 Für die Remoulade Mayonnaise mit Crème fraîche und übrigem Schnittlauch verrühren. Die Gewürzgurke möglichst fein würfeln und dazugeben. Alles mit ein wenig Gurkenwasser vermischen und mit Salz und frisch gemahlenem Pfeffer würzen.

5 Wenn das Krebsfleischpüree durchgezogen ist, aus der Masse 8 kleine Patties formen. Das Olivenöl in einer Pfanne erhitzen und die Patties darin von beiden Seiten jeweils ca. 5 Minuten braten.

6 Die Toasties toasten und die unteren Hälften mit der Remoulade bestreichen. Mit Salatblättern, Crab-Patties und roten Zwiebeln belegen. Die oberen Toastie-Hälften auflegen und leicht andrücken.

FISCHBURGER MIT SALSA

Für 4 Stück:
1 Schalotte
2 kleine rote Chilischoten
4 grüne Tomaten
5 EL Olivenöl
Saft von 1 Limette
1 EL Sojasoße
Salz
Pfeffer aus der Mühle
Zucker
1 rote Zwiebel
½ Handvoll Koriandergrün
4 feste Fischsteaks (z. B. Thunfisch, Schwertfisch, Kabeljau, à ca. 180 g)
4 Burgerbrötchen

Zubereitungszeit:
30 Min.

1 Die Schalotte schälen und fein hacken. Die Chilischoten abbrausen, Stielansätze entfernen und Schoten in feine Ringe schneiden. Tomaten waschen, trocken reiben, Stielansätze ausschneiden und Tomaten klein würfeln.

2 Tomaten mit 2 EL Olivenöl, der Hälfte vom Limettensaft und der Sojasoße vermengen. Schalotte und Chili untermischen und die Salsa mit Salz, frisch gemahlenem Pfeffer und Zucker pikant abschmecken.

3 Die rote Zwiebel häuten und in feine Ringe schneiden. Koriander abbrausen, trocken schütteln und die Blättchen abzupfen.

4 Die Fischsteaks kalt abbrausen und mit Küchenpapier trocken tupfen. Dann von beiden Seiten mit Salz sowie frisch gemahlenem Pfeffer würzen und mit dem übrigen Limettensaft beträufeln.

5 1 EL Öl in einer Grillpfanne erhitzen. Fisch hineingeben und von jeder Seite ca. 3 Minuten braten. Dann aus der Pfanne nehmen.

6 Die Burgerbrötchen waagerecht halbieren und die unteren Brötchenhälften mit dem übrigen Öl einstreichen. In die noch heiße Pfanne geben und diese Schnittflächen kurz knusprig rösten.

7 Je 1 Fischsteak auf die unteren Hälften der Brötchen legen und etwas Salsa darauf verteilen. Mit Zwiebeln belegen und mit dem Koriander bestreuen. Die oberen Brötchenhälften aufsetzen.

HUMMERBURGER

Für 4 Stück:
- 1 Handvoll Portulak
- 8 Blätter grüner Salat
- 400 g Hummerfleisch, küchenfertig gegart und ausgelöst
- 4 EL Mayonnaise
- 2 EL Sahne
- 2 TL Zitronensaft
- Salz
- 1 Prise Cayennepfeffer
- 4 Burgerbrötchen

Zubereitungszeit: 20 Min.

1 Den Backofen auf 200 Grad Ober- und Unterhitze (180 Grad Umluft) vorheizen. Portulak und Salatblätter kalt abbrausen und trocken schütteln. Das Hummerfleisch in mundgerechte Stücke schneiden.

2 Die Mayonnaise mit Sahne und Zitronensaft verrühren und das Ganze mit Salz und Cayennepfeffer abschmecken. Danach den Hummer untermischen und etwas durchziehen lassen.

3 Die Burgerbrötchen halbieren und im heißen Ofen in ca. 5 Minuten knusprig aufbacken. Danach die unteren Brötchenhälften mit der Hälfte Salat und Portulak sowie dem Hummer belegen. Übrigen Salat und Portulak daraufgeben, die oberen Brötchenhälften aufsetzen und Hummerburger servieren.

TIPP

Wer mag, mengt unter die Mayonnaise noch 1 Schuss Brandy und ½ TL Ketchup, das gibt dem Burger noch zusätzlichen Pfiff.

THUNFISCHBURGER

Für 4 Stück:
1 Handvoll Rucola
3 Tomaten
600 g frischer Thunfisch
3 Stängel glatte Petersilie
3 Stängel Koriander
Salz
Pfeffer aus der Mühle
3 EL Olivenöl
4 Burgerbrötchen

Zubereitungszeit:
25 Min.

1 Rucola kalt abbrausen und trocken schütteln. Die Tomaten waschen, trocken reiben, von den Stielansätzen befreien und in Scheiben schneiden.

2 Den Thunfisch waschen und mit Küchenpapier trocken tupfen. Den Fisch durch den Fleischwolf zu Thunfischhack drehen. Petersilie und Koriander abbrausen, trocken schütteln, Blättchen abzupfen und fein hacken. Den Thunfisch mit den Kräutern mischen. Dann mit Salz und frisch gemahlenem Pfeffer würzen.

3 Das Olivenöl in einer beschichteten Pfanne erhitzen. Aus der Thunfischmasse 4 Patties formen und diese im heißen Olivenöl bei mittlerer Hitze von beiden Seiten je 2 Minuten braten.

4 Burgerbrötchen halbieren und nach Geschmack etwas anrösten. Zuerst mit Rucola, dann mit Fisch-Patties und Tomaten belegen. Zum Schluss die oberen Brötchenhälften aufsetzen.

TIPP

Gut schmecken diese Burger auch, wenn man die Unterseiten der Burgerbrötchen mit etwas Mayonnaise bestreicht, die mit ein wenig durchgepresstem Knoblauch und ein paar Tropfen Zitronensaft abgeschmeckt wird.
Wer keinen Fleischwolf besitzt, kann den Fisch natürlich auch ganz fein hacken.

MINI-BURGER MIT FLUSSKREBS

Für 12 Stück:
24 Flusskrebsschwänze
100 g Tomatenchutney
(Glas oder selbst gemacht)
1 TL schwarze Sesamkörner
5 kleine Strauchtomaten
4 Blätter Romanasalat
12 Mini-Burgerbrötchen

Zubereitungszeit:
15 Min.
Marinierzeit:
30 Min.

1 Flusskrebsschwänze in eine Schale geben und mit Tomatenchutney und Sesam vermengen. Das Ganze abdecken und 30 Minuten durchziehen lassen.

2 Tomaten waschen, trocken reiben und in dünne Scheiben schneiden. Die Salatblätter kalt abbrausen, trocken schütteln und in jeweils 3 Stücke zupfen. Die kleinen Burgerbrötchen halbieren.

3 Nach Ende der Ziehzeit die unteren Hälften der Brötchen mit Salat, Tomatenscheiben und je 2 Krebsschwänzen belegen. Die oberen Brötchenhälften auflegen und mit Holzspießen feststecken.

TIPP

Tomatenchutney selbst gemacht: 100 g Tomaten überbrühen, häuten, von Stielansätzen befreien und Tomaten grob zerkleinern. 1 kleine Zwiebel schälen und in dünne Ringe schneiden. ½ Apfel schälen, entkernen und würfeln. Das Ganze mit 2 EL Weißweinessig, 1 EL braunem Zucker, etwas Salz und je 1 Prise gemahlenen Nelken, gemahlenem Ingwer sowie Cayennepfeffer in einem Topf verrühren. Aufkochen und bei sehr milder Hitze ca. 30 Minuten köcheln lassen. Dabei öfter umrühren. Zum Schluss nochmals mit Gewürzen abschmecken. Und natürlich lässt sich das Chutney auch in größeren Mengen zubereiten und auf Vorrat halten.

NORWEGISCHER LACHSBURGER

Für 4 Stück:
1 Fleischtomate
½ Salatgurke
4 Blätter grüner Salat
400 g norwegisches Lachsfilet ohne Haut und Gräten
½ Bd. Schnittlauch
Salz
Pfeffer aus der Mühle
2 ½ EL Butter
4 Scheiben Weißbrot
4 EL Kräuterfrischkäse

Zubereitungszeit:
30 Min.

1 Die Tomate waschen, trocken reiben, putzen und in Scheiben schneiden. Gurke putzen, schälen und in dünne Scheiben schneiden. Salatblätter kalt abbrausen und trocken schütteln.

2 Das Lachsfilet mit kaltem Wasser abbrausen. Mit Küchenpapier gründlich trocken tupfen und den Fisch dann sehr fein hacken.

3 Den Schnittlauch ebenfalls unter kaltem Wasser abbrausen und trocken schütteln. Dann in feine Röllchen schneiden und zum gehackten Fisch geben. Das Ganze mit Salz und frisch gemahlenem Pfeffer abschmecken und gründlich vermengen.

4 Aus der Lachsmasse 4 flache Frikadellen formen. Butter in einer Pfanne erhitzen und die Patties in der heißen Butter auf jeder Seite 2–3 Minuten braten.

5 Das Weißbrot kross toasten und die Scheiben halbieren. Die eine Hälfte der Brotscheiben jeweils mit etwas Frischkäse bestreichen, mit 1 Salatblatt, Tomaten- sowie Gurkenscheiben und 1 Fisch-Patty belegen. Die restlichen Brothälften mit Frischkäse bestreichen und daraufsetzen. Dann den Lachsburger servieren.

SCAMPI-AVOCADO-BURGER

Für 4 Stück:
1 Avocado
1 rote Chilischote
Saft von ½ Zitrone
Salz
Pfeffer aus der Mühle
brauner Zucker
350 g Scampi
1 Ei (Größe M)
1 EL Crème fraîche
1 EL Paniermehl
2 EL Olivenöl
4 Baguettebrötchen

Zubereitungszeit:
30 Min.

1 Avocado schälen, halbieren, entsteinen und klein würfeln. Chilischote halbieren, entkernen und hacken. Avocadowürfel mit Chili und Zitronensaft vermengen. Zum Schluss das Ganze mit Salz, frisch gemahlenem Pfeffer und etwas braunem Zucker abschmecken.

2 Scampi bei Bedarf schälen. Mit einem spitzen Messer am Rücken aufschneiden und die Därme entfernen. Dann unter fließendem kaltem Wasser abbrausen und anschließend trocken tupfen. Scampi sehr fein hacken.

3 Gehackte Scampi in eine große Schale geben. Ei, Crème fraîche und Paniermehl hinzufügen und alles gründlich verkneten. Das Ganze mit Salz und frisch gemahlenem Pfeffer würzen und dann daraus 4 Patties formen.

4 Das Olivenöl in einer Pfanne erhitzen. Patties hineingeben und rundum gar braten. Danach aus der Pfanne nehmen und warm halten.

5 Die Baguettebrötchen halbieren. Auf die unteren Hälften jeweils etwas von der Avocadomischung geben und die Scampifrikadellen daraufsetzen. Obere Brötchenhälften aufsetzen und leicht andrücken.

FISCHBURGER MIT COLESLAW

Für 4 Stück:
350 g Weißkohl
1 Möhre
2 EL Weißweinessig
1 EL geriebener Meerrettich (Glas)
4 EL Mayonnaise
Salz
Pfeffer aus der Mühle
2 TL Zucker
4 weiße Fischfilets (à ca. 120 g)
Mehl zum Bestäuben
2 Eier (Größe M)
60 g Paniermehl
Butter zum Braten
4 Burgerbrötchen

Zubereitungszeit:
30 Min.
Ziehzeit:
30 Min.

1 Weißkohl waschen und trocken tupfen oder abtropfen lassen. Dann den Kohl in möglichst feine Streifen schneiden oder auf einer Reibe raspeln. Möhre schälen und auf einer Küchenreibe raspeln. Beides in eine große Schüssel geben, den Essig zugeben und alles gründlich verkneten. 30 Minuten ziehen lassen.

2 Nach Ende der Ziehzeit Kohl und Möhren mit Meerrettich und Mayonnaise vermengen. Dann Coleslaw mit Salz, frisch gemahlenem Pfeffer und Zucker abschmecken.

3 Fisch kalt waschen und trocken tupfen. Mit Salz und frisch gemahlenem Pfeffer würzen. Rundum mit Mehl bestäuben und überschüssiges Mehl abklopfen.

4 Eier in einem tiefen Teller verquirlen und Paniermehl auf einen weiteren tiefen Teller geben. Fisch zuerst in den Eiern wenden und danach im Paniermehl wälzen. Butter in einer Pfanne erhitzen und den panierten Fisch darin 5–7 Minuten bei mittlerer Temperatur braten.

5 Die Brötchen halbieren und die Schnittflächen nach Geschmack leicht rösten. Auf die unteren Hälften etwas Coleslaw geben, Fisch-Patties daraufsetzen und dann wieder Kohlsalat obenauf geben. Die oberen Brötchenhälften aufsetzen und servieren.

TIPP
Für diesen Burger eignen sich Seelachs oder Kabeljau besonders gut.

KLEINE JAKOBSMUSCHEL-BURGER

Für 12 Stück:
1 Stange Lauch
Salz
12 ausgelöste Jakobsmuscheln
weißer Pfeffer
Cayennepfeffer
Mehl zum Bestäuben
1 EL Butterschmalz
50 ml trockener Weißwein
12 Mini-Burgerbrötchen

Zubereitungszeit:
30 Min.

1 Den Lauch putzen und dabei die dunkelgrünen Blattenden entfernen. Lauch in ca. 5 cm lange Abschnitte teilen und längs in dünne Streifen schneiden. In ein Sieb geben, gründlich waschen und abtropfen lassen.

2 Den Lauch in kochendem Salzwasser 2 Minuten blanchieren und danach sofort in Eiswasser abschrecken. Abtropfen lassen und gründlich trocken tupfen.

3 Die Jakobsmuscheln unter fließendem kaltem Wasser waschen und trocken tupfen. Mit Salz, weißem Pfeffer und etwas Cayennepfeffer würzen. Dann dünn mit Mehl bestäuben und überschüssiges Mehl abklopfen.

4 Butterschmalz in einer beschichteten Pfanne erhitzen und Muscheln darin von beiden Seiten je 1 Minute braten. Mit Weißwein ablöschen und kurz darin schwenken.

5 Brötchen halbieren und die Schnittflächen leicht anrösten. Muscheln daraufsetzen, obenauf etwas Lauch geben und Brötchen-Oberhälften aufsetzen. Übrigen Lauch auf Tellern anrichten und Jakobsmuschel-Burger daraufsetzen.

TIPP

Wer mag, kann auf die unteren Brötchenhälften noch etwas Knoblauchmayonnaise oder ein leichtes Pesto geben; dabei darauf achten, dass man diese nur sparsam verwendet, da sie sonst den feinen Geschmack der Jakobsmuscheln schnell überdecken können.

KABELJAUBURGER MIT CURRYMAYO
(Abb. S. 47)

Für 4 Stück:
1 Kartoffel
2 Möhren
200 g Knollensellerie
1 Scheibe Steckrübe
3 EL Rapsöl
Salz
Pfeffer aus der Mühle
4 Blätter grüner Salat
1 Zwiebel
1 Tomate
200 g Mayonnaise
2 EL Currypulver
600 g norwegisches Kabeljaufilet
2 EL Butter
4 Burgerbrötchen

Zubereitungszeit:
30 Min.
Backzeit:
25 Min.

1 Den Backofen auf 200 Grad Ober- und Unterhitze (180 Grad Umluft) vorheizen. Kartoffel, Möhren, Sellerie und Steckrübe putzen, schälen und waschen. Das Wurzelgemüse in Streifen schneiden und auf ein Backblech geben.

2 Rapsöl über das Gemüse träufeln und alles mit etwas Salz und frisch gemahlenem Pfeffer würzen. Das Gemüse im heißen Ofen auf der mittleren Schiene ca. 25 Minuten backen. Nach Backzeitende aus dem Ofen nehmen.

3 Salatblätter abbrausen und trocken tupfen. Zwiebel schälen, Tomate waschen und trocken tupfen. Dann beides in Scheiben schneiden. Für die Currymayonnaise Mayonnaise mit Currypulver glatt verrühren.

4 Kabeljau abbrausen, trocken tupfen und dann in portionsgerechte Stücke schneiden. Butter in einer Pfanne erhitzen. Fisch darin 3–4 Minuten auf jeder Seite anbraten. Mit Salz und frisch gemahlenem Pfeffer würzen.

5 Burgerbrötchen halbieren und im Backofen erwärmen. Salatblätter auf die unteren Hälften der Brötchen legen. Kabeljau, Zwiebel- und Tomatenscheiben daraufgeben und die Deckel aufsetzen.

6 Die Burger mit Wurzelgemüse und Currymayonnaise auf Tellern anrichten und servieren.

VEGETARISCHE & VEGANE BURGER

LINSENBURGER

Für 4 Stück:

150 g rote Linsen
3 Zweige Thymian
1 Lorbeerblatt
1 Vollkornbrötchen vom Vortag, 1 kleine Zwiebel
1 Knoblauchzehe
3 Stängel Petersilie
3 EL Sonnenblumenöl
1 grüne Chilischote
1½ Möhren
Salz
je 1 Prise Kreuzkümmel- und Korianderpulver
Muskatnuss, frisch gerieben, Cayennepfeffer
1 Ei (Größe M)
½ kleine Zucchini
2 Frühlingszwiebeln
30 g frische Kräuter (z. B. Brunnenkresse)
ca. 2 EL Dinkelmehl
4 frische Vollkornbrötchen
100 g Frischkäse
2 EL Orangensaft
Pfeffer aus der Mühle

Zubereitungszeit:
45 Min.

1 Für die Bratlinge Linsen in einem Sieb kalt abspülen. In einem Topf mit reichlich Wasser bedecken, Thymian und Lorbeer zugeben und aufkochen. Zugedeckt in ca. 15 Minuten weich köcheln lassen. Linsen in ein Sieb abgießen und abtropfen lassen. Thymian und Lorbeer entfernen.

2 Inzwischen altbackenes Brötchen in warmem Wasser einweichen. Zwiebel und Knoblauch abziehen und hacken. Petersilie abbrausen und Blättchen hacken. 1 EL Öl in einer Pfanne erhitzen. Zwiebel und Knoblauch darin glasig dünsten. Petersilie unterrühren und vom Herd nehmen.

3 Chilischote waschen, putzen und fein hacken. 1 Möhre schälen und fein raspeln. Das Brötchen gut ausdrücken. Linsen in eine Schale geben. Chili, Möhre, ausgedrücktes Brötchen, etwas Salz und Zwiebelmischung dazugeben. Kreuzkümmel, Koriander, etwas Muskatnuss, Cayennepfeffer und das Ei zugeben. Alles gut verkneten und herzhaft abschmecken. Kalt stellen.

4 Zucchini waschen, putzen und längs in feine Scheiben schneiden. Übrige Möhre schälen und ebenfalls längs in dünne Scheiben schneiden. Frühlingszwiebeln waschen, putzen und in Ringe schneiden. Kräuter abbrausen und abtropfen lassen.

5 So viel Dinkelmehl unter die Linsenmasse kneten, dass sie gut formbar wird. 4 Bratlinge daraus formen. Übriges Öl in einer Pfanne erhitzen und die Bratlinge darin in 6–8 Minuten goldbraun braten. Danach warm halten.

6 Die Brötchen quer halbieren. Frischkäse mit Orangensaft glatt verrühren und auf die Schnittflächen der Brötchen streichen. Auf die unteren Hälften der Brötchen Kräuter verteilen und darauf die Linsenbratlinge mit dem vorbereiteten Gemüse setzen. Leicht mit Salz und Pfeffer würzen, dann die Deckel aufsetzen.

GEMÜSE-ZIEGENKÄSE-BURGER

Für 4 Stück:
1 Zucchini
2 Möhren
3 Kartoffeln
1 EL Mehl (Type 405)
Salz
Pfeffer aus der Mühle
4 EL Olivenöl
200 g Ziegenkäserolle
4 Burgerbrötchen

Zubereitungszeit:
35 Min.

1 Zucchini waschen und putzen, Möhren und Kartoffeln schälen, putzen und waschen. Alles auf einer Küchenreibe zu feinen Streifen raspeln.

2 Ein Drittel der Möhren- und Zucchiniraspel beiseitelegen, den Rest mit den Kartoffeln vermengen. Mit Mehl verkneten und mit Salz und Pfeffer würzen. Olivenöl in einer Pfanne erhitzen. Aus der Masse 4 runde Patties formen und in der Pfanne insgesamt 10–12 Minuten braten.

3 Den Backofen mit der Grilfunktion vorheizen. Ziegenkäse in Scheiben schneiden und Gemüse-Patties damit belegen. Ein Backblech mit Backpapier belegen und Gemüsepuffer daraufsetzen. In den Ofen schieben und unter dem Grill leicht gebräunt überbacken.

4 Die Burgerbrötchen halbieren und die Schnittflächen anrösten. Die unteren Hälften mit den beiseitegelegten Gemüseraspeln belegen. Gratinierte Patties daraufsetzen und obere Brötchenhälften aufsetzen.

TIPP

Wer mag, gibt noch eine Soße auf die unteren Brötchenhälften und auf die Patties. Dafür kann man z. B. 2 EL Mayonnaise mit 2 EL Schmand glatt verrühren. Das Ganze mit etwas Ketchup, Salz, Pfeffer und wenig Tabasco abschmecken. Oder man legt Cheddar auf die noch warmen Gemüse-Patties.

VEGANER TANDOORI-TOFU-BURGER

Für 4 Stück:
400 g Tofu natur
1 EL Tandoori Masala
250 g Sojadrink natur
2 Stängel Minze
Salz
Pfeffer aus der Mühle
1 Handvoll grüne Salatblätter
2 Tomaten
4 vegane Brötchen

Zubereitungszeit:
25 Min.
Marinierzeit:
12 Std.

1 Den Tofu in 4 Scheiben schneiden und Tandoori Masala mit 150 g Sojajoghurt glatt verrühren. Die Tofuscheiben mit der Sojajoghurt-Marinade gründlich vermengen und abgedeckt ca. 12 Stunden ziehen lassen.

2 Nach Ende der Marinierzeit den Tofu abtropfen lassen und mit Küchenpapier trocken tupfen. Minze waschen, trocken schütteln und die Blätter in feine Streifen schneiden. Mit dem übrigen Sojajoghurt vermengen und die Soße mit Salz und frisch gemahlenem Pfeffer würzen.

3 Salatblätter waschen und trocken schütteln. Tomaten waschen, trocken reiben und in Scheiben schneiden. Eine Grillpfanne erhitzen und den Tofu darin von beiden Seiten jeweils 3–4 Minuten braten.

4 Die Brötchen halbieren und die Schnittflächen anrösten. Die Unterseiten mit der Hälfte des Salates belegen und ein wenig Soße daraufgeben. Tomaten und je 1 Stück Tofu daraufsetzen. Mit den übrigen Salatblättern belegen und mit der übrigen Joghurtsoße beträufeln.

5 Die oberen Hälften der Brötchen aufsetzen und Tandoori-Tofu-Burger servieren.

TIPP

Dazu passen klassisch Pommes frites. Würzen kann man sie mit einer Mischung aus Salz und Curry- oder Tandooripulver; das harmoniert dann perfekt mit dem Burger.

BOHNENBURGER MIT HUMMUS

Für 8 Stück:

Für das Hummus:
200 g Kichererbsen (Dose)
1 Knoblauchzehe, Salz
2 EL Tahin (Sesampaste)
2 TL Zitronensaft
Kreuzkümmelpulver
2 EL Olivenöl

Für die Burger:
1 Zwiebel
1 Knoblauchzehe
250 g weiße Bohnen (Dose)
250 g Kichererbsen (Dose)
½ Bd. Koriander
½ TL Korianderpulver
½ TL Kreuzkümmelpulver
1 Ei (Größe M)
Paniermehl nach Bedarf
Salz, Pfeffer aus der Mühle
2 Tomaten
100 g Salatgurke
4 Salatblätter
Pflanzenöl zum Braten
8 kleine Vollkornbrötchen

Zubereitungszeit:
40 Min.

1 Für das Hummus die Kichererbsen in ein Sieb geben und unter fließendem kaltem Wasser abbrausen. Abtropfen lassen und mit dem Pürierstab fein pürieren.

2 Knoblauch schälen, hacken und mit Salz im Mörser fein zerreiben. Zu den Kichererbsen geben und mit Tahin, Zitronensaft, etwas Kreuzkümmel und Öl zu einer glatten Creme verrühren. Mit Salz abschmecken.

3 Für die Burger Zwiebel und Knoblauch abziehen und grob hacken. Bohnen und Kichererbsen abgießen, abbrausen und gut abtropfen lassen. Mit Knoblauch und Zwiebel im Mixer fein pürieren.

4 Koriander abbrausen, trocken schütteln und Blättchen fein hacken. Mit Korianderpulver, Kreuzkümmel und Ei unter die Bohnenmasse mengen. Falls der Teig zu weich ist, Paniermehl zufügen und zu einem gut formbaren Teig verkneten. Die Bohnenmasse mit Salz und frisch gemahlenem Pfeffer würzen.

5 Tomaten waschen, die Stielansätze herausschneiden und Tomaten in Scheiben schneiden. Gurke waschen und in dünne Scheiben schneiden. Die Salatblätter waschen, trocken tupfen, putzen und klein zupfen.

6 Aus dem Teig 8 kleine Patties formen. Pflanzenöl in einer Pfanne erhitzen und die Bohnenfrikadellen von jeder Seite 2–3 Minuten goldbraun braten.

7 Die Brötchen halbieren. Tomaten und Gurke auf die unteren Hälften der Brötchen geben. Bohnen-Patties daraufsetzen und jeweils etwas Hummus daraufgeben. Salatblätter darauf verteilen und die Brötchendeckel aufsetzen.

PILZBURGER MIT SPINAT

Für 4 Stück:
400 g Champignons
6 EL Rapsöl
Salz
Pfeffer aus der Mühle
3 Kartoffeln
1 EL Mehl (Type 405)
1 EL Speisestärke
1 Handvoll Babyspinat
1 Handvoll Radieschensprossen
4 Burgerbrötchen
4 EL Tomatenketchup

Zubereitungszeit:
30 Min.

1 Champignons putzen und klein schneiden. 2 EL Rapsöl in einer Pfanne erhitzen und die Pilze hineingeben. Unter Rühren kräftig anbraten. Mit Salz und frisch gemahlenem Pfeffer würzen und abkühlen lassen.

2 In der Zwischenzeit Kartoffeln waschen und schälen. Dann auf einer Küchenreibe fein raspeln. Raspel in ein sauberes Küchentuch geben und kräftig ausdrücken. Dann in eine große Schüssel füllen.

3 Die abgekühlten Pilze im Standmixer grob pürieren. Mit Mehl und Speisestärke zu den Kartoffeln geben und alles vermengen. Dann die Masse noch mit etwas Salz und frisch gemahlenem Pfeffer würzen. Daraus dann 4 flache Patties formen. Kalt stellen.

4 Inzwischen Babyspinat waschen, verlesen und abtropfen lassen. Radieschensprossen in ein Küchensieb geben, kalt abbrausen und abtropfen lassen.

5 Übriges Rapsöl in einer Pfanne erhitzen. Pilzfrikadellen hineingeben und bei mittlerer Hitze von beiden Seiten jeweils 6–8 Minuten braten. Danach auf Küchenpapier entfetten lassen.

6 Brötchen halbieren und Schnittflächen leicht rösten. Auf die unteren Hälften Ketchup geben und darauf Spinat verteilen. Pilz-Patties daraufsetzen, nach Belieben etwas Ketchup daraufgeben und die Sprossen darauf verteilen. Oberhälften der Brötchen aufsetzen.

AUBERGINENBURGER MIT FETA

Für 4 Stück:
300 g Auberginen
300 g mehligkochende Kartoffeln
2 Tomaten
120 g Feta
8 große Blätter grüner Salat
1 rote Chilischote
100 g saure Sahne
Salz
Pfeffer aus der Mühle
½ Bd. Petersilie
1 Knoblauchzehe
1 Ei (Größe M)
Paniermehl
5 EL Olivenöl
4 Ciabattabrötchen

Zubereitungszeit:
40 Min.
Garzeit:
45 Min.

1 Backofen auf 180 Grad Ober- und Unterhitze (160 Grad Umluft) vorheizen. Auberginen und Kartoffeln waschen und beides mit einer Gabel mehrmals rundum einstechen. Auf ein mit Backpapier belegtes Backblech geben und ca. 45 Minuten gar bzw. weich backen.

2 Tomaten waschen, putzen und in Scheiben schneiden. Feta trocken tupfen und ebenfalls in Scheiben schneiden. Salatblätter kalt waschen, trocken schütteln und etwas kleiner zupfen.

3 Chilischote waschen, entkernen, fein hacken und mit der sauren Sahne verrühren. Mit Salz und frisch gemahlenem Pfeffer würzen.

4 Auberginen und Kartoffeln aus dem Ofen nehmen, etwas abkühlen lassen und die Haut der Auberginen abziehen. Das Fruchtfleisch pürieren. Die Kartoffeln schälen und mit einer Gabel fein zerdrücken oder durch die Kartoffelpresse drücken. Mit den Auberginen vermengen.

5 Petersilie abbrausen, trocken schütteln und Blättchen hacken. Knoblauch abziehen und durch eine Presse drücken. Beides mit Ei zur Auberginenmasse geben und alles vermengen. Ca. 3 EL Paniermehl unterkneten, sodass eine gut formbare Masse entsteht. Kräftig salzen und pfeffern.

6 Aus der Masse mit feuchten Händen 4 Bratlinge formen und in Paniermehl wenden. Öl erhitzen und Patties darin auf jeder Seite 3–4 Minuten goldbraun ausbraten.

7 Brötchen halbieren und auf die unteren Hälften je 1–2 EL saure Sahne geben. Darauf je 1 Salatblatt und 1 Auberginenbratling setzen. Mit Tomaten, Feta und übrigem Salat belegen und Deckel aufsetzen.

TOFU-SPROSSEN-BURGER

Für 4 Stück:
- 4 Salatblätter
- 1 Tomate
- ¼ Gurke
- 2 Frühlingszwiebeln
- 150 g Möhren
- 15 g Ingwer
- 100 g frische Sojasprossen
- 400 g Tofu natur
- 2 Eier (Größe M)
- 3 EL Vollkornmehl
- 2 EL gemahlene Mandeln
- Salz
- Pfeffer aus der Mühle
- 5 EL Pflanzenöl
- 4 Burgerbrötchen
- 4 EL Mayonnaise

Zubereitungszeit:
40 Min.

1 Salatblätter waschen und trocken schütteln. Tomate waschen, Strunk herausschneiden und Tomate in Scheiben schneiden. Die Gurke waschen und ebenfalls in dünne Scheiben schneiden.

2 Die Frühlingszwiebeln waschen, putzen und fein hacken. Möhren und Ingwer schälen und fein reiben. Die Sprossen in ein Küchensieb geben, kalt abbrausen und gut abtropfen lassen.

3 Den Tofu in eine Schale geben und mit einer Gabel fein zerdrücken. Dann Eier, Mehl, Mandeln, Frühlingszwiebeln, Möhren und Ingwer dazugeben. Ein Drittel der Sprossen hacken und hinzufügen. Alles gründlich verkneten und mit Salz und frisch gemahlenem Pfeffer würzen.

4 Aus der Tofumasse 4 flache Patties formen. Das Pflanzenöl in einer Pfanne erhitzen und die Frikadellen darin 8–10 Minuten braten, dabei einmal wenden.

5 Die Brötchen aufschneiden und erwärmen. Auf die unteren Hälften je 1 EL Mayonnaise streichen und dann zuerst mit Salat, dann mit Tofu-Pattie, Gurke, Tomate und den übrigen Sprossen belegen. Die Deckel aufsetzen und Tofu-Sprossen-Burger servieren.

TIPP

Ein besonderes Aroma erhält dieser Burger, wenn man geräucherten Tofu verwendet.

VEGANER TOFU-GUACAMOLE-BURGER

Für 4 Stück:
1 reife Avocado
1 TL Zitronensaft
1 Knoblauchzehe
Salz
1 Spritzer Tabasco
2 Tomaten
250 g Tofu
3 EL Sojaöl
3 EL Sojasoße
4 vegane Burgerbrötchen
etwas Blattmangold

Zubereitungszeit:
25 Min.

1 Die Avocado halbieren und den Stein entfernen. Das Fruchtfleisch mit einem Löffel herauslösen und mit einer Gabel cremig zerdrücken. Den Zitronensaft untermengen. Knoblauch schälen und fein hacken. Mit der Avocadocreme verrühren und alles mit Salz und Tabasco abschmecken.

2 Tomaten waschen, die Stielansätze entfernen und das Fruchtfleisch in Scheiben schneiden. Den Tofu in 4 Scheiben schneiden. Sojaöl in einer beschichteten Pfanne erhitzen und den Tofu darin bei mittlerer Temperatur von beiden Seiten jeweils 3–4 Minuten braten. Zum Schluss den Tofu mit Sojasoße ablöschen.

3 Die Burgerbrötchen halbieren und erwärmen. Die Unterhälften mit der Avocadocreme bestreichen. Den Tofu und die Tomatenscheiben darauf verteilen und mit Mangoldsalat garnieren. Dann die oberen Brötchenhälften aufsetzen und servieren.

—— TIPP ——

Verwenden Sie nach Geschmack z. B. Tofu natur oder Räuchertofu. Natürlich kann die Guacamole auch anders pikant abgeschmeckt werden. So eignen sich beispielsweise sehr fein gemahlene Chilischoten oder Cayennepfeffer.

SOJABURGER MIT SPROSSEN

Für 4 Stück:

- 170 g getrocknete Sojabohnen
- 1 rote Zwiebel
- 1 kleine Möhre
- 10 g Ingwer
- ca. 80 g Vollkorn-Paniermehl
- 1 Ei (Größe M)
- Salz, Pfeffer aus der Mühle
- 2 Handvoll Rucola
- 1 Tomate
- 100 g gegarte Rote Bete
- 4 EL Sesamsamen
- 4 EL Sojaöl
- 4 Mehrkornbrötchen
- 2 EL Sonnenblumenkerne
- 1 Handvoll Alfalfasprossen
- 4 EL Naturjoghurt

Zubereitungszeit: 45 Min.
Einweichzeit: 12 Std.
Garzeit: 90 Min.

1 Die Sojabohnen nach Packungsangabe ca. 12 Stunden in reichlich Wasser einweichen. Anschließend in einem Topf mit frischem Wasser ca. 90 Minuten weich kochen. Nach Ende der Garzeit in ein Küchensieb abgießen und gut abtropfen lassen.

2 Zwiebel, Möhre und Ingwer schälen. Zwiebel fein würfeln und Möhre sowie Ingwer auf der Küchenreibe raspeln. Die Sojabohnen mit dem Pürierstab zerkleinern und mit Zwiebel, Möhre, Ingwer und 80 g Paniermehl vermengen.

3 Das Ei unter die Bohnenmasse mengen und das Ganze mit Salz und frisch gemahlenem Pfeffer würzen. Bei Bedarf etwas mehr Paniermehl untermengen, sodass die Masse gut formbar ist.

4 Den Rucola waschen, putzen und trocken schleudern. Die Tomate waschen, den Stielansatz entfernen und zusammen mit der Roten Bete in Scheiben schneiden.

5 Aus der Bohnenmasse 4 Patties formen. Diese dann in Sesam wenden und im heißen Öl 4–5 Minuten auf jeder Seite braten. Anschließend warm halten.

6 Brötchen halbieren und etwas Rucola auf jede Unterseite legen. Mit Sonnenblumenkernen bestreuen, Tomaten- und Rote-Bete-Scheiben daraufgeben und je 1 Soja-Pattie darauflegen. Einige Sprossen obenauf geben.

7 Auf die oberen Hälften der Brötchen je 1 EL Joghurt streichen. Die Brötchendeckel auf die Burger legen und leicht andrücken.

VEGANER SEITAN-BURGER
(Abb. S. 71)

Für 4 Stück:
400 g Seitan natur
Salz
Pfeffer aus der Mühle
1 TL Paprikapulver edelsüß
5 EL Klebreismehl
3 Zwiebeln
5 EL Olivenöl
3 Gewürzgurken
4 Blätter grüner Salat
3 Tomaten
4 Scheiben veganer Käse
4 vegane Burgerbrötchen
4 EL veganes Tomatenketchup

Zubereitungszeit:
35 Min.

1 Den Seitan abtropfen lassen und die übrige Flüssigkeit zwischen zwei Lagen Küchenpapier herausdrücken. Im Mixer zu einer Hackmasse pürieren und mit Salz, frisch gemahlenem Pfeffer und Paprikapulver würzen. Mit dem Klebreismehl verkneten und 20 Minuten ziehen lassen.

2 In der Zwischenzeit Zwiebeln schälen und in dünne Ringe schneiden. 2 EL Olivenöl in einer beschichteten Pfanne erhitzen und die Zwiebelringe darin glasig garen. Mit etwas Salz und frisch gemahlenem Pfeffer würzen. Gewürzgurken in Scheiben schneiden.

3 Salatblätter kalt abbrausen und trocken tupfen. Tomaten waschen, trocken reiben, die Stielansätze entfernen und Tomaten in Scheiben schneiden.

4 Aus der Hackmasse 4 Patties formen. Das übrige Olivenöl in einer Pfanne erhitzen und die Frikadellen darin von beiden Seiten je 5 Minuten braten. Nach dem Wenden mit den Käsescheiben belegen.

5 Brötchen halbieren und mit Salat und Tomaten belegen. Seitan-Patties daraufsetzen, Zwiebelringe, Gurkenscheiben und Ketchup daraufgeben. Dann die Oberhälften der Brötchen aufsetzen und die Burger servieren.

TIPP

Klebreismehl erhalten Sie am besten in Asia-Läden.

BURGER MIT KARTOFFEL

Für 4 Stück:
50 g Chinakohl
1 Zwiebel
8 kleine Pellkartoffeln
500 g Rinderhackfleisch
Salz
Pfeffer aus der Mühle
4 EL Rapsöl
4 Burgerbrötchen
3 EL Mayonnaise
3 EL Tomatenketchup

Zubereitungszeit:
25 Min.

1 Chinakohl waschen, gründlich trocken tupfen und in feine Streifen schneiden. Zwiebel abziehen und in dünne Ringe schneiden. Kartoffeln in Scheiben schneiden.

2 Rinderhackfleisch in eine Schale geben und mit Salz sowie Pfeffer würzen. Alles vorsichtig vermengen und daraus dann 4 flache Patties formen.

3 Die Hälfte vom Rapsöl in einer beschichteten Pfanne erhitzen. Patties hineingeben und 3 Minuten von jeder Seite braten. Das übrige Rapsöl in einer weiteren Pfanne erhitzen und Kartoffeln darin ebenfalls braten. Mit Salz und frisch gemahlenem Pfeffer würzen.

4 Die Burgerbrötchen halbieren und die Schnittflächen rösten. Die Unterseiten mit Mayonnaise bestreichen und mit den Patties belegen. Ketchup auf dem Fleisch verstreichen und Kartoffeln, Chinakohl und Zwiebel darüber verteilen. Zum Schluss die oberen Brötchenhälften aufsetzen und leicht andrücken.

TIPP

Für diesen Burger sollten unbedingt kleine Kartoffeln verwendet werden, größere lassen sich nur schwer auf dem Fleisch verteilen.

MEDITERRANER BURGER

Für 4 Stück:
500 g Rinderhackfleisch
Salz
Pfeffer aus der Mühle
Paprikapulver edelsüß
2 rote Zwiebeln
½ Aubergine
2 TL Olivenöl
50 g Rucola
4 Burgerbrötchen
4 EL Salatcreme
4 Scheiben Pecorino
12 getrocknete Tomaten in Öl (Glas)
4 EL grünes Pesto

Zubereitungszeit:
25 Min.

1 Das Hackfleisch mit Salz, Pfeffer und Paprika würzen und gut durchkneten. Dann daraus 4 flache Patties formen. Bis zum Grillen kalt stellen. Die einzelnen Patties mit Butterbrotpapier trennen, damit sie nicht zusammenkleben.

2 Zwiebeln schälen und in dünne Ringe schneiden. Aubergine waschen, in dünne Scheiben schneiden und mit Olivenöl einstreichen. Rucola waschen und trocken schütteln.

3 Patties auf den heißen Grill oder in eine heiße Grillpfanne geben. Von beiden Seiten 5–6 Minuten grillen und danach warm halten. Auberginen 3–4 Minuten grillen, bis sie leicht gebräunt sind. Brötchen halbieren und leicht rösten.

4 Die unteren Brötchenhälften mit Salatcreme bestreichen und mit Rucola bedecken. Den Käse auf die Frikadellen legen und diese auf den Salat setzen.

5 Tomaten etwas abtupfen. Dann mit Aubergine und Zwiebeln auf das Fleisch schichten. Mit Pesto bestreichen und obere Brötchenhälften auflegen.

TIPP

Pesto selbst gemacht: Dafür 2 EL Pinienkerne in einer Pfanne ohne Fett unter Rühren rösten, bis sie duften. Pfanne vom Herd nehmen. Die Blättchen von 1 Topf Basilikum abzupfen. 1 Knoblauchzehe schälen und grob hacken. Alles mit 1 Prise Salz im Mixer pürieren. Ca. 120 ml Olivenöl und 3 EL frisch geriebenen Parmesan zugeben und alles verrühren, bis das Pesto eine cremige Konsistenz hat. Zum Schluss mit Salz abschmecken.

LACHSBURGER IM PITABROT

Für 4 Stück:
4 EL Mayonnaise
4 EL saure Sahne
Salz
Pfeffer aus der Mühle
1 ½ rote Zwiebeln
3 Tomaten
1 Gewürzgurke
4 Stiele Schnittlauch
500 g norwegisches Lachsfilet ohne Haut und Gräten
1 Stängel frische Petersilie
½ Kopfsalat
1 Ei (Größe M)
500 ml Milch
1 EL Kartoffelmehl
2 EL flüssige Margarine
4 Pitabrote

Zubereitungszeit:
30 Min.

1 Für das Thousand-Island-Dressing Mayonnaise und saure Sahne verrühren und mit Salz und frisch gemahlenem Pfeffer abschmecken. ½ rote Zwiebel schälen und fein hacken. 1 Tomate waschen und fein hacken.

2 Von der Gewürzgurke 2 Scheiben abschneiden und ebenfalls hacken. Schnittlauch abbrausen, trocken schütteln und in Röllchen schneiden. Das vorbereitete Gemüse unter die Mayonnaise-Sahne-Mischung mengen.

3 Das Lachsfilet kalt waschen, trocken tupfen und in Würfel schneiden. Petersilie abbrausen, trocken schütteln und grob hacken.

4 Übrige Zwiebel schälen und in Ringe schneiden. Übrige Tomaten waschen und in Scheiben schneiden. Restliche Gewürzgurke in Scheiben schneiden. Salat waschen, putzen und die Blätter ablösen.

5 Lachswürfel in eine Küchenmaschine geben. 1 TL Salz zugeben und Fisch einige Sekunden in der Maschine zerkleinern. Ei zugeben und einige Sekunden in der Maschine untermixen.

6 Milch, Kartoffelmehl, ½ TL frisch gemahlenen Pfeffer und Petersilie zugeben. Das Ganze zu einer gleichmäßigen Masse vermengen. Daraus dann 4 flache Frikadellen formen. Die flüssige Margarine erhitzen und Frikadellen 2–3 Minuten auf jeder Seite braten. Dann warm halten. Die Pitabrote nach Packungsangabe erwärmen.

7 Je 1 Lachs-Patty mit Tomaten, Zwiebeln, Gewürzgurke und Salat in ein Pitabrot geben. Mit etwas Dressing beträufeln und dann servieren.

CHICKENBURGER MIT PAPAYA

Für 4 Stück:
4 Vollkornbrötchen
8 Blätter grüner Salat
2 kleine Papayas
120 g Sprossen nach Geschmack
1 Gurke
4 TL Sambal Oelek
4 EL saure Sahne
600 g Aufschnitt vom Hähnchenbrustfilet

Zubereitungszeit:
20 Min.

1 Die Brötchen halbieren. Salatblätter mit kaltem Wasser abbrausen, trocken tupfen und auf die unteren Brötchenhälften geben. Papayas halbieren, die Kerne entfernen und das Fruchtfleisch schälen. Anschließend in dünne Spalten schneiden und auf die Salatblätter geben.

2 Die Sprossen in ein Küchensieb geben, kalt abbrausen und gut abtropfen lassen. Dann auf die Papaya legen. Gurke waschen und mit dem Sparschäler der Länge nach in dünne Scheiben schneiden.

3 Sambal Oelek sowie saure Sahne glatt verrühren und auf den Sprossen verteilen. Den Aufschnitt und die Gurke dekorativ auf den Sprossen anrichten. Sambal-Sahne darauf und auch dazwischen verteilen. Die oberen Brötchenhälften aufsetzen und mit Holzspießchen feststecken.

TIPP

Diese besonders gesunde Burger-Variante schmeckt nicht nur exotisch-gut, sondern macht auch optisch viel her. Natürlich kann anstelle des Hähnchenaufschnitts auch Pute verwendet werden.

BURGER MIT ROQUEFORTDRESSING

Für 4 Stück:

4 Putenschnitzel (à ca. 140 g)
3 EL Sonnenblumenöl
1 EL Sambal Oelek
½ TL Paprikapulver edelsüß
Saft von 1 Limette
60 g Roquefort
4 EL Sahne
100 g griechischer Naturjoghurt
Salz
Pfeffer aus der Mühle
70 g frische Sojasprossen
6 Stängel Petersilie oder Koriander
4 Brötchen

Zubereitungszeit:
30 Min.
Marinierzeit:
1 Std.

1 Putenschnitzel waschen, trocken tupfen und jeweils quer halbieren. Öl, Sambal Oelek, Paprikapulver und Limettensaft glatt rühren. Mit dem Fleisch vermengen und Schnitzel zugedeckt 1 Stunde marinieren lassen.

2 Inzwischen Roquefort würfeln und mit Sahne in einen kleinen Topf geben. Bei niedriger Temperatur unter Rühren schmelzen. Danach etwas auskühlen lassen und mit dem Joghurt zu einem Dressing verrühren. Mit Salz und frisch gemahlenem Pfeffer abschmecken und im Kühlschrank ca. 30 Minuten kalt stellen.

3 Sprossen in einem Sieb kalt abbrausen und abtropfen lassen. Petersilie oder Koriander abbrausen, trocken schütteln, Blättchen abzupfen und grob zerrupfen. Schnitzel aus der Marinade nehmen und etwas abtropfen lassen.

4 Eine Grillpfanne erhitzen und Schnitzel darin von beiden Seiten insgesamt 10–12 Minuten braten. Salzen.

5 Die Brötchen halbieren und die Unterseiten mit Roquefortdressing bestreichen. Sprossen daraufgeben und das Fleisch obenauf legen. Mit Petersilie oder Koriander bestreuen und die oberen Brötchenhälften aufsetzen.

TIPP

Für dieses Rezept eignen sich auch Schweineschnitzel sehr gut.

RÖSTIBURGER

Für 4 Stück:
600 g Rinderhackfleisch
Salz
Pfeffer aus der Mühle
2 große Tomaten
800 g mehligkochende Kartoffeln
1 EL Mehl (Type 405)
1 Ei (Größe M)
30 ml Sonnenblumenöl
30 g Butter
4 Scheiben Emmentaler

Zubereitungszeit:
40 Min.

1 Das Hackfleisch in eine Schale geben und mit Salz und frisch gemahlenem Pfeffer würzen. Das Ganze gründlich verkneten und zu 4 Frikadellen formen. Bis zur Weiterverarbeitung kalt stellen. Tomaten waschen, putzen und in Scheiben schneiden.

2 Den Backofen auf 160 Grad Ober- und Unterhitze (140 Grad Umluft) vorheizen.

3 Die Kartoffeln schälen, auf einer Küchenreibe raspeln und in einem sauberen Küchentuch gut auspressen. Dann mit Mehl und Ei verkneten. Mit Salz und frisch gemahlenem Pfeffer würzen.

4 Aus dem Kartoffelteig 8 Rösti formen. Sonnenblumenöl in einer großen beschichteten Pfanne verstreichen und die Rösti hineinsetzen. Auf den Herd stellen, erhitzen und die Rösti zunächst von beiden Seiten je 3–4 Minuten braten.

5 Rösti auf Küchenpapier entfetten lassen und anschließend auf ein mit Backpapier belegtes Blech setzen. Im heißen Ofen in 8–10 Minuten fertig garen.

6 In der Zwischenzeit die Butter in einer beschichteten Pfanne erhitzen. Die Fleisch-Patties hineingeben und von beiden Seiten jeweils 4–5 Minuten braten.

7 4 Rösti auf Tellern verteilen. Mit Tomatenscheiben, Käse und Frikadellen belegen. Die übrigen Rösti obenauf legen und dann die Burger sofort servieren.

BURGER MIT MANGO

Für 4 Stück:
600 g Rinderhackfleisch
4 EL Paniermehl
2 Eier (Größe M)
Salz
Pfeffer aus der Mühle
Olivenöl
1 kleiner Radicchio
1 reife Mango
6 Frühlingszwiebeln
6 EL Mayonnaise
3 EL Tomatenketchup
4 Toasties

Zubereitungszeit:
30 Min.

1 Hackfleisch, Paniermehl und Eier glatt verkneten und das Ganze salzen und pfeffern. Mit angefeuchteten Händen 4 flache Frikadellen aus dem Teig formen. Auf einen geölten Teller legen, mit je 1 TL Öl einpinseln und für einige Minuten in das Gefrierfach stellen.

2 Radicchio putzen, Blätter waschen und trocken schleudern. Mango schälen und das Fruchtfleisch in Scheiben schneiden. Frühlingszwiebeln waschen, putzen und weißen sowie hellgrünen Teil schräg in feine Ringe schneiden. Mayonnaise mit Ketchup verrühren und mit Salz und frisch gemahlenem Pfeffer würzen.

3 Die Patties in eine heiße Grillpfanne geben und auf jeder Seite 3–4 Minuten grillen. In der Zwischenzeit die Toasties halbieren und knusprig toasten.

4 Toasties mit der Mayo-Ketchup-Creme bestreichen. Toastieböden schichtweise mit Radicchio, Frikadellen, Mango und Frühlingszwiebeln belegen, Deckel aufsetzen und leicht andrücken.

TIPP

Natürlich können hierfür auch Burgerbrötchen verwendet werden.

ORIENTALISCHER BURGER

Für 4 Stück:

Für das Kichererbsenpüree:
150 g Kichererbsen (Dose)
4 EL Tahin (Sesampaste)
50 ml Sojadrink natur
Salz
1 TL Zitronensaft
Cayennepfeffer

Für die Burger:
250 g Muskatkürbis
1 Zwiebel
3 Knoblauchzehen
4 Stängel Koriander
½ TL Fenchelsamen
400 g Lammhackfleisch
1 Ei (Größe M)
Salz
Pfeffer aus der Mühle
1 TL Kurkumapulver
1 TL Korianderpulver
4 EL Olivenöl
4 Blätter grüner Salat
4 Vollkorn-Rosinenbrötchen
30 g Alfalfasprossen

Zubereitungszeit:
40 Min.

1 Für das Kichererbsenpüree Kichererbsen in ein Sieb geben, kalt abbrausen und abtropfen lassen. Mit Tahin und Sojamilch in den Mixer geben und fein pürieren. Mit Salz, Zitronensaft und Cayennepfeffer abschmecken.

2 Für die Lammburger Kürbis schälen, entkernen und auf einer Küchenreibe fein raspeln. Zwiebel und Knoblauch abziehen und hacken. Koriander waschen, trocken schütteln und die Blätter klein schneiden. Fenchelsamen im Mörser zerstoßen.

3 Lammhackfleisch mit Kürbis, Zwiebel, Knoblauch, Koriander und Ei verkneten. Mit Salz, frisch gemahlenem Pfeffer, Kurkuma, Korianderpulver und Fenchel würzen. Aus der Masse 4 flache Patties formen.

4 Olivenöl in einer beschichteten Pfanne erhitzen. Lamm-Patties hineingeben und von beiden Seiten jeweils ca. 6 Minuten braten.

5 Inzwischen die Salatblätter abbrausen und trocken schütteln. Brötchen halbieren und mit dem Kichererbsenpüree bestreichen. Zuerst mit Salatblättern belegen, dann die Patties und zum Schluss die Sprossen daraufgeben. Obere Brötchenhälften aufsetzen.

TIPP

Ebenfalls orientalisch würzen lassen sich die Patties mit einer Mischung aus frisch gehackter Minze, Kreuzkümmel-, Zimt- und Korianderpulver.

MAKRELENBURGER

Für 4 Stück:
½ rote Zwiebel
1 Tomate
4 Blätter grüner Salat
1 Eigelb (Größe M)
1 EL Zitronensaft
3 EL saure Sahne
Salz
Pfeffer aus der Mühle
500 g norwegisches Makrelenfilet ohne Haut und Gräten
2 TL Kartoffelmehl
2 TL frische Thymianblättchen
100 ml Milch
flüssige Margarine
neutrales Öl
4 Scheiben Frühstücksspeck (Bacon)
8 Scheiben weißes Landbrot

Zubereitungszeit:
30 Min.

1 Zwiebel abziehen, Tomate waschen, trocken tupfen und putzen. Dann beides in Scheiben schneiden. Salatblätter waschen und trocken tupfen.

2 Für das Dressing Eigelb und Zitronensaft glatt verrühren. Die Schüssel in ein Wasserbad stellen und rühren, bis die Masse eindickt. Saure Sahne unterrühren und das Ganze mit Salz und Pfeffer abschmecken.

3 Makrelenfilet kalt abbrausen, trocken tupfen und klein schneiden. Dann in der Küchenmaschine fein zerkleinern. 1 TL Salz, ½ TL frisch gemahlenen Pfeffer, Kartoffelmehl, Thymianblättchen und Milch zugeben. Das Ganze vermengen, bis eine grobe, aber glatte Masse entsteht.

4 Aus der Masse 4 flache Fisch-Patties formen. Etwas flüssige Margarine und Öl in eine Pfanne geben und erhitzen. Fischfrikadellen darin ca. 2 Minuten auf jeder Seite anbraten. Danach warm halten. Den Speck ohne Fettzugabe in einer heißen Pfanne knusprig braten.

5 Auf 4 Brotscheiben je 1 Salatblatt, 1 Scheibe Speck und 1 Fischfrikadelle geben. Mit Tomate und Zwiebel abschließen. Die Burger mit den übrigen Brotscheiben bedecken und mit dem Dressing servieren.

TIPP
Auch Brotsorten wie Focaccia eignen sich optimal für diesen Burger.

INDIAN-STYLE BURGER

Für 4 Stück:
- 6 Stängel Koriander
- 3 Knoblauchzehen
- 500 g Lammhackfleisch
- 1 Ei (Größe M)
- 1 TL Madras-Currypulver
- 1 Msp. Paprikapulver rosenscharf
- 2 Msp. Korianderpulver
- ½ TL Bockshornkleepulver
- 3 EL Paniermehl
- Salz
- 2 Stängel Minze
- 200 g Gurke
- 150 g Naturjoghurt
- Pfeffer aus der Mühle
- 3 EL Ghee (alternativ Butterschmalz)
- 4 Blätter Kopfsalat
- 4 kleine Fladenbrote
- 50 g Mangochutney

Zubereitungszeit: 35 Min.

1 Korianderblätter hacken. Knoblauch schälen und hacken. Beides mit Hackfleisch, Ei, Curry-, Paprika-, Koriander- und Bockshornkleepulver sowie Paniermehl verkneten. Salzen und abgedeckt 20 Minuten ruhen lassen.

2 Inzwischen Minzeblätter hacken. Gurke waschen, trocknen und quer halbieren. Eine Hälfte in Scheiben schneiden, die andere fein würfeln. Gurkenwürfel mit Joghurt und Minze verrühren. Salzen und pfeffern.

3 Ghee oder Butterschmalz in einer Pfanne erhitzen. Aus der Hackfleischmasse 4 flache Patties formen und diese von beiden Seiten je 5–6 Minuten braten.

4 Salatblätter waschen und trocken schütteln. Die Fladenbrote halbieren. Mit Mangochutney, Patties, Salat, Gurkenscheiben und Minzjoghurt belegen. Deckel auflegen.

TIPP

Mangochutney selbst gemacht: 1 Mango schälen und klein würfeln. Mit 1 TL Zitronensaft vermengen. 1 Schalotte, 2 Knoblauchzehen und 1 walnussgroßes Stück Ingwer schälen und alles hacken. ½ Stiel Zitronengras ebenfalls hacken. 1 rote Chilischote waschen, putzen und klein schneiden. 75 g braunen Zucker und 1 TL Wasser in einem Topf erhitzen. Wenn der Zucker Blasen wirft, Schalotte, Knoblauch, Ingwer, Zitronengras und Chili zugeben. Bei milder Hitze ca. 5 Minuten dünsten. Mango untermengen und weitere 5 Minuten dünsten. Je ½ TL fein zerstoßene Pfeffer-, Piment- und Korianderkörner zugeben. 1 EL weißen Essig einrühren und nochmals aufkochen. Dann auskühlen lassen.

AVOCADOBURGER

Für 4 Stück:
300 g Rinderfilet
1 Knoblauchzehe
2 EL Olivenöl
½ TL Paprikapulver rosenscharf
1 Msp. Kreuzkümmelpulver
1 Msp. getrockneter Oregano
Pfeffer aus der Mühle
2 Hass-Avocados (z. B. aus Chile)
1 Msp. Chiliflocken
etwas Limettensaft
Salz
1–2 Peperoni (Glas)
50 g grüne Bohnen
4 Burgerbrötchen

Zubereitungszeit:
30 Min.
Marinierzeit:
1 Std.

1 Rinderfilet kalt abbrausen und in Streifen schneiden. Knoblauch abziehen. Olivenöl mit Paprikapulver, Kreuzkümmel, Oregano und etwas frisch gemahlenem Pfeffer verrühren. Knoblauch dazupressen.

2 Das Fleisch mit der vorbereiteten Marinade mischen. Abdecken und im Kühlschrank mindestens 1 Stunde marinieren lassen.

3 Avocados halbieren, entsteinen und das Fruchtfleisch mit einem Löffel aus den Schalen lösen. Chiliflocken, einige Tropfen Limettensaft und etwas Salz zugeben und mit einer Gabel grob zerdrücken. Peperoni abtropfen lassen und in dünne Streifen schneiden.

4 Grüne Bohnen waschen, putzen und klein schneiden. In Salzwasser ca. 5 Minuten garen. Danach abgießen, kalt abschrecken und abtropfen lassen.

5 Das Fleisch nach Ende der Marinierzeit aus der Marinade nehmen, abtropfen lassen und in einer beschichteten Pfanne ca. 7 Minuten braten. Dabei öfter umrühren. Zum Schluss salzen. Brötchen aufschneiden und etwas erwärmen.

6 Die unteren Hälften der Burgerbrötchen mit der Avocadomasse bestreichen. Rinderfilet, Bohnen und Peperoni daraufgeben und die Brötchendeckel auflegen.

TIPP

Die Avocados sollten unbedingt ganz reif sein, da das Fruchtfleisch weich sein muss, um es gut zerdrücken zu können.

THAI-STYLE BURGER

Für 4 Stück:
2 Knoblauchzehen
½ Bd. Koriander
2 rote Thai-Chili
600 g Schweinehackfleisch
3 EL thailändische Fischsoße
3 EL Erdnussöl
1 Zwiebel
4 Burgerbrötchen
4 EL süße Chilisoße

Zubereitungszeit:
25 Min.

1 Den Knoblauch schälen und hacken. Koriander kalt abbrausen, trocken schütteln und die Blätter fein hacken. Etwas Koriander für die Garnitur beiseitelegen. Die Chilischote waschen, längs halbieren, entkernen und hacken.

2 Knoblauch, Koriander und Chili in eine Schale geben, das Hackfleisch zufügen und alles glatt verkneten. Mit Fischsoße abschmecken.

3 Das Erdnussöl in einer Pfanne erhitzen. Das Fleisch in 4 Portionen aufteilen und Patties daraus formen. In das heiße Erdnussöl geben und bei mittlerer Hitze von beiden Seiten ca. 7 Minuten braten.

4 Inzwischen die Zwiebel schälen und in dünne Ringe schneiden. Die Burgerbrötchen halbieren und die Schnittflächen leicht rösten. Die Unterseiten mit etwas Chilisoße bestreichen. Mit den Zwiebelringen belegen und die Patties daraufsetzen. Mit dem beiseitegelegten Koriander bestreuen und die Oberseiten der Brötchen aufsetzen.

TIPP

Alternativ zur süßen Chilisoße kann auch Erdnusssoße verwendet werden. Dafür ½ kleine Schalotte, 1 Knoblauchzehe und ½ rote Chilischote fein hacken. 1 EL neutrales Öl in einem kleinen Topf erhitzen und Schalotte, Knoblauch und Chili darin anschwitzen. 3 EL Erdnussbutter einrühren und unter Rühren leicht anrösten. Mit 200 ml Hühnerbrühe und 50 ml Kokosmilch ablöschen und unter gelegentlichem Rühren ca. 10 Minuten dicklich einköcheln lassen. Mit Sojasoße und Cayennepfeffer abschmecken und abkühlen lassen.

ENTENBURGER MIT FEIGE

Für 4 Stück:
2 Entenbrüste (à ca. 250 g)
Salz
Pfeffer aus der Mühle
1 EL Rapsöl
4 Blätter Kopfsalat
4 Feigen
4 Burgerbrötchen
6 EL Zwiebelchutney

Zubereitungszeit:
30 Min.

1 Die Entenbrüste waschen und mit Küchenpapier trocken tupfen. Die Hautseiten mit Salz und beide Seiten jeweils mit frisch gemahlenem Pfeffer würzen.

2 Rapsöl in einer Pfanne erhitzen und die Entenbrüste zuerst mit der Hautseite hineingeben. Scharf anbraten, dann wenden. Hitze reduzieren und zugedeckt bei niedriger Temperatur 10–12 Minuten garen.

3 Inzwischen Salat waschen und trocken schütteln. Feigen waschen und in Scheiben schneiden. Entenbrüste in Alufolie wickeln und 5 Minuten ruhen lassen. Die Feigen in der Entenpfanne von beiden Seiten kurz erwärmen.

4 Burgerbrötchen halbieren und die Schnittflächen rösten. Die Unterseiten der Brötchen mit Zwiebelchutney bestreichen und mit dem Salat belegen. Entenbrüste in Tranchen schneiden und auf dem Salat verteilen. Feigen daraufgeben. Die oberen Hälften der Brötchen aufsetzen.

— TIPP —

Zwiebelchutney selbst gemacht: 250 g rote Zwiebeln schälen und in grobe Streifen schneiden. 1 haselnussgroßes Stück Ingwer schälen und auf der Küchenreibe fein raspeln. 25 g Butter in einem Topf erhitzen, Zwiebeln und Ingwer dazugeben und glasig werden lassen. 50 g braunen Zucker darüberstreuen. Das Ganze mit 25 ml weißem Essig und 25 ml Wasser aufgießen. Bei milder Hitze ca. 30 Minuten köcheln lassen und dabei ab und zu umrühren. Zum Schluss mit Salz und frisch gemahlenem Pfeffer abschmecken.
Diese Burger schmecken auch mit Tomatenchutney super.

KEBAB-BURGER

Für 4 Stück:
500 g Kalbsschnitzel
1 Knoblauchzehe
6 Stängel Koriander
6 EL Barbecuesoße
2 TL Weißweinessig
Paprikapulver edelsüß
Cayennepfeffer
Kreuzkümmelpulver
100 g Knollensellerie
1 Möhre
8 Radieschen
6 Stängel Petersilie
3 EL Mayonnaise
1 EL Sahnemeerrettich
Salz
Pfeffer aus der Mühle
1 EL Pflanzenöl
4 Burgerbrötchen

Zubereitungszeit:
30 Min.
Marinierzeit:
3 Std.

1 Fleisch abbrausen und trocken tupfen. Dann in sehr feine Streifen schneiden und in ein verschließbares Gefäß geben.

2 Knoblauch abziehen und fein hacken. Koriander abbrausen, trocken schütteln und Blättchen hacken. Beides mit Barbecuesoße und Essig vermengen. Die Marinade mit Paprikapulver, Cayennepfeffer und Kreuzkümmel würzen. Mit dem Fleisch vermengen und das Ganze ca. 3 Stunden abgedeckt marinieren lassen.

3 Sellerie und Möhre putzen und schälen, dann beides in sehr dünne Streifen schneiden. Radieschen putzen, waschen und ebenfalls in dünne Streifen schneiden. Petersilie abbrausen, trocken schütteln und Blättchen hacken. Mayonnaise und Meerrettich glatt verrühren. Mit dem vorbereiteten Gemüse sowie der Petersilie vermischen und mit Salz und Pfeffer würzen. Etwas durchziehen lassen.

4 Nach Marinierzeitende das Fleisch aus der Marinade nehmen und abtropfen lassen. Öl in einer Pfanne erhitzen und Fleisch darin unter Rühren scharf anbraten.

5 Brötchen halbieren und Schnittflächen anrösten. Dann die Unterhälften mit Fleisch und Gemüsesalat belegen. Brötchendeckel aufsetzen und leicht andrücken.

TIPP

In diesem Rezept lassen sich auch Bratenreste vom Vortag wunderbar verarbeiten. Diese dann in Fasern zerteilen und in einer Pfanne bei mittlerer Hitze erwärmen. Nach Geschmack leicht pikant abschmecken.

MINI-BURGER MIT KANDIERTER NUSS

Für 8 Stück:

200 g gehackte Walnüsse
8 EL Ahornsirup
Zimtpulver
300 g Zwiebeln
1 Knoblauchzehe
2 EL Olivenöl
1 EL Brandy
400 g Rinderhackfleisch
300 g Schweinehackfleisch
80 g Paniermehl
Salz
Pfeffer aus der Mühle
Muskatnuss, frisch gerieben
getrockneter Oregano und Thymian
8 Scheiben Käse
8 kleine Partybrötchen
2 EL Butter
4 Blätter Kopfsalat
16 Apfelscheiben
4 EL Senf

Zubereitungszeit:
25 Min.

1 Den Backofen auf 180 Grad Ober- und Unterhitze vorheizen. Walnüsse mit Ahornsirup vermengen. Ein Blech mit Backpapier belegen und die Walnüsse darauf verteilen. Mit Zimt bestäuben, in den Ofen schieben und die Walnüsse ca. 8 Minuten rösten. Anschließend vom Blech nehmen und auskühlen lassen.

2 Zwiebeln und Knoblauch abziehen und beides getrennt voneinander fein hacken. Olivenöl in einer Pfanne erhitzen. Zwiebeln zugeben und unter Rühren darin glasig dünsten. Mit Brandy ablöschen und dann braten, bis die Zwiebeln goldbraun sind. Danach abkühlen lassen.

3 Rinder- und Schweinehackfleisch in einer Schüssel mit den Zwiebeln, Knoblauch und Paniermehl vermengen. Mit Salz, frisch gemahlenem Pfeffer, frisch geriebener Muskatnuss, Oregano und Thymian würzen. Die Masse gründlich verkneten und daraus 8 Patties formen.

4 Die Patties in eine heiße Pfanne geben. Von beiden Seiten bei mittlerer Hitze jeweils 3–4 Minuten braten. Aus der Pfanne nehmen, Käse daraufgeben und warm halten.

5 Partybrötchen halbieren und die Schnittflächen mit etwas Butter bestreichen. Brötchen leicht anbacken. Salat abbrausen, trocken tupfen und Blätter halbieren.

6 Auf die unteren Brötchenhälften Apfelscheiben und Kopfsalat legen, darauf je 1 Fleisch-Patty, Walnüsse und etwas Senf geben. Dann die Burger mit den oberen Brötchenhälften bedecken.

TOMATENBURGER

Für 4 Stück:
4 große Fleischtomaten
600 g Rinderhackfleisch
Salz
Pfeffer aus der Mühle
Paprikapulver edelsüß
2 weiße Zwiebeln
4 Blätter grüner Salat
3 EL Sonnenblumenöl
4 Scheiben Gouda
Burger-Dressing

Zubereitungszeit:
35 Min.

1 Den Backofen auf 180 Grad Ober- und Unterhitze (160 Grad Umluft) vorheizen. Die Tomaten waschen, trocken tupfen, waagerecht halbieren und mit den Schnittflächen nach unten auf ein mit Backpapier belegtes Backblech setzen. Das Blech in den Ofen schieben und die Tomaten 10 Minuten garen. Anschließend warm halten.

2 Während die Tomaten garen, das Rinderhackfleisch in eine Schale geben, mit Salz, frisch gemahlenem Pfeffer sowie Paprikapulver würzen und alles gründlich durchkneten. Das Fleisch in 4 Portionen teilen und jede zu einem flachen Patty formen. Dann kalt stellen.

3 Die Zwiebeln schälen und in dünne Ringe schneiden. Die Salatblätter kalt abbrausen und trocken tupfen.

4 Das Sonnenblumenöl in einer beschichteten Pfanne erhitzen und die Frikadellen darin von beiden Seiten je 5–6 Minuten bei mittlerer Temperatur braten. Nach dem Wenden der Patties die Zwiebeln mit in die Pfanne geben und anbraten. 1 Minute vor Ende der Garzeit den Käse auf die Patties legen.

5 Die Unterseiten der gegarten Tomaten mit der Schnittfläche nach oben auf je einen Teller legen. Salatblätter daraufgeben und mit etwas Burger-Dressing bestreichen.

6 Die Patties auf den Salat setzen und die Zwiebelringe darüber verteilen. Die Tomaten-Oberseiten aufsetzen und dann Tomatenburger servieren.

SEELACHSBURGER MIT MANGO

Für 4 Stück:
2 rote Paprikaschoten
1 Knoblauchzehe
½ rote Chilischote
1 Sardellenfilet
40 g blanchierte Mandeln
20 ml Apfelessig
80 ml Olivenöl
Salz
1 kleine Salatgurke
2 Stängel Thai-Basilikum
Saft und abgeriebene Schale von 1 Limette (unbehandelt)
Zucker
1 große, nicht zu reife Mango
4 Seelachsfilets (à ca. 180 g)
4 Burgerbrötchen

Zubereitungszeit:
45 Min.

1 Backofen auf 250 Grad Ober- und Unterhitze vorheizen. Paprikaschoten waschen, trocken tupfen und im heißen Ofen backen, bis die Haut schwarz wird und Blasen schlägt.

2 Paprikaschoten aus dem Ofen nehmen, in einen Gefrierbeutel geben und 10 Minuten ruhen lassen. Anschließend Schoten häuten, vierteln und entkernen.

3 Knoblauch schälen und Chilischote entkernen. Paprika, Knoblauch und Chili mit Sardelle, Mandeln und Essig in den Standmixer geben und pürieren. Langsam 40 ml Olivenöl einfließen lassen und untermixen. Zum Schluss alles mit Salz abschmecken.

4 Gurke dünn schälen, in feine Scheiben schneiden, leicht salzen und 10 Minuten ziehen lassen. Dann abtupfen. Thai-Basilikumblätter von den Stängeln zupfen und klein rupfen. Beides mit Limettensaft und -schale sowie 1 EL Olivenöl vermengen. Mit Zucker und Salz abschmecken.

5 Mango schälen und Fruchtfleisch in Scheiben schneiden. Auf einer Seite leicht in 1 EL Zucker wälzen. Mit der Zuckerseite in 2 TL Öl anbraten und karamellisieren lassen.

6 Seelachs kalt abbrausen, trocken tupfen und im übrigen Öl von beiden Seiten 2–3 Minuten braten, dann mit Salz würzen.

7 Burgerbrötchen halbieren, Schnittflächen leicht rösten und die unteren Hälften jeweils mit Paprikapesto, Mango, Gurke, und Seelachs belegen. Etwas von der Limettenschalenmischung daraufgeben, dann die oberen Brötchenhälften aufsetzen und Burger servieren.

RIESENBURGER MIT EI UND BACON
(Abb. S. 91)

Für 4 Stück:

- 1 Bd. glatte Petersilie
- 2 Bd. Schnittlauch
- 400 g Quark
- 50 g Sahne
- Salz
- Pfeffer aus der Mühle
- 120 g Frühstücksspeck in Scheiben (Bacon)
- 4 Stängel Kerbel
- 4 Stängel Brunnenkresse
- 1 Bd. Radieschen
- ½ Salatgurke
- 4 Eier (Größe M)
- 4 EL Milch
- 8 runde Vollkornbrötchen
- 1 TL Butter
- 30 g Alfalfasprossen

Zubereitungszeit: 35 Min.

1 Petersilie und Schnittlauch abbrausen und trocken schütteln. Petersilienblätter hacken, die Hälfte von 1 Schnittlauchbund in feine Röllchen schneiden. Schnittlauchröllchen und gehackte Petersilie mit Quark sowie Sahne verrühren, dann mit Salz und frisch gemahlenem Pfeffer würzen. Übrigen Schnittlauch quer halbieren.

2 Bacon in einer heißen Pfanne kross braten, dann auf Küchenpapier entfetten lassen. Kerbel und Brunnenkresse waschen und trocken schütteln. Radieschen putzen, waschen und in dünne Scheiben schneiden. Gurke waschen und ebenfalls in dünne Scheiben schneiden.

3 Eier mit Milch verquirlen und mit Salz sowie frisch gemahlenem Pfeffer würzen. Brötchen jeweils zweimal waagerecht durchschneiden, sodass 3 etwa gleich dicke Scheiben entstehen. Von 4 Brötchen Ober- und Unterseiten für ein anderes Gericht verwenden.

4 Butter in einer beschichteten Pfanne erhitzen und darin aus der Ei-Milch-Mischung Rührei braten. Mit Salz und frisch gemahlenem Pfeffer würzen. Sprossen in ein Sieb geben, abbrausen und gut abtropfen lassen.

5 Die Brötchen-Unterseiten und jeweils eine Seite der Brötchenscheiben mit dem Kräuterquark bestreichen. Darauf jeweils nach Belieben Radieschen, Gurke, Rührei, Sprossen, Bacon, übrigen Schnittlauch, Kerbel und Brunnenkresse setzen.

6 Die Brötchenscheiben zu Burgern zusammensetzen. Zuoberst noch etwas Kräuterquark geben und dann die oberen Brötchenhälften aufsetzen.

BEILAGEN

3

KETCHUP & MAYONNAISE

Für 3 Flaschen Ketchup:
1 kg reife Tomaten
1 rote Paprikaschote
1 rote Zwiebel
8 Knoblauchzehen
85 ml Essig, 125 g Honig
½ TL Kräutersalz
1 dicke Scheibe Ingwer
1 kleines Stück Muskatblüte
1 Lorbeerblatt
je ½ TL Senf- und Pfefferkörner, 3 Gewürznelken
1 Zimtstange
1 rote Chilischote
60 ml Olivenöl
2 TL Paprikapulver edelsüß
150 g Tomatenmark

Für 4 Portionen Mayonnaise:
3 sehr frische Eigelb (Größe M)
2 TL Dijon-Senf
3 TL Zitronensaft, frisch gepresst, Salz
200 ml neutrales Pflanzenöl, weißer Pfeffer

Zubereitungszeit:
Ketchup 30 Min. + 2 Std.
Mayonnaise 15 Min.

1 Für das Ketchup Tomaten am Stielansatz einritzen und mit kochendem Wasser übergießen. Kurz ziehen lassen und dann häuten. Stielansätze entfernen, Tomaten entkernen und das Fruchtfleisch grob hacken. Paprika putzen, waschen und würfeln. Zwiebel schälen und in dünne Scheiben schneiden. Knoblauch schälen.

2 Tomaten, Paprika, Zwiebel und Knoblauch in einen großen Topf geben und mit 45 ml Essig vermengen. Aufkochen und zugedeckt bei schwacher Hitze 25 Minuten köcheln lassen.

3 Nach Ende der Garzeit Knoblauch nach Wunsch entfernen und das Gemüse sehr fein pürieren. Restlichen Essig, Honig und Kräutersalz daruntermischen. Ingwer, Muskatblüte, Lorbeer, Senf- und Pfefferkörner, Nelken, Zimt und Chili in ein Mulltuch oder einen Kaffeefilter geben. Mit Küchengarn zubinden und in den Topf legen.

4 Tomatenmischung aufkochen und unter häufigem Rühren ca. 90 Minuten offen köcheln lassen, bis sie stark eingedickt ist. Dann Gewürzsäckchen entfernen.

5 Olivenöl, Paprikapulver und Tomatenmark unter das Ketchup rühren. Das Ganze nochmals süßsauer abschmecken. Dann 3 Flaschen mit je ca. 250 ml Füllmenge mit heißem Wasser ausspülen. Ketchup einfüllen, fest verschließen und abkühlen lassen. Im Kühlschrank aufbewahren.

6 Für die Mayonnaise Eigelb in eine hohe Rührschüssel geben. Senf, Zitronensaft und 1 Prise Salz dazugeben. Das Ganze mit den Quirlen des Handrührgerätes kräftig schaumig schlagen.

7 Das Öl zuerst tropfenweise, dann in einem dünnen Strahl zugießen. Währenddessen alles mit den Quirlen des Handrührgerätes auf höchster Stufe schlagen. So lange rühren, bis die Mayonnaise eine cremige Konsistenz hat. Zum Schluss nach Geschmack mit Salz und Pfeffer abschmecken.

GEMÜSECHIPS

Für 4 Personen:
4 festkochende Kartoffeln
4 blaue Kartoffeln
2 kleine Süßkartoffeln
1 l Rapsöl
Salz

Zubereitungszeit:
30 Min.

1 Beide Kartoffelsorten sowie die Süßkartoffeln schälen und mit kaltem Wasser waschen. Dann auf einer Küchenreibe in möglichst dünne Scheiben hobeln.

2 Kartoffelscheiben 30–40 Minuten in eine Schüssel mit reichlich kaltem Wasser legen, damit die Stärke austritt. Anschließend die Kartoffelscheiben herausheben, abtropfen lassen und sehr gut trocken tupfen.

3 Das Rapsöl in einer Fritteuse oder in einem ausreichend großen Topf erhitzen. Die Kartoffelscheiben hineingeben und bei 160 Grad knusprig und goldgelb frittieren.

4 Chips aus dem Fett heben, auf reichlich Küchenpapier entfetten und dann in eine Schüssel geben. Nach Geschmack salzen.

TIPP

Solche Chips lassen sich auch mit anderem, „konventionellem" Gemüse zubereiten. Es eignen sich beispielsweise Zucchini oder Auberginen. Diese sollten zuerst gesalzen (damit sie Wasser ziehen) und anschließend gut trocken getupft werden.

POMMES FRITES

Für 4 Personen:
750 g vorwiegend festkochende Kartoffeln
1 l Sonnenblumenöl
Salz

Zubereitungszeit:
35 Min.

1 Kartoffeln schälen und kalt waschen. Dann in Stifte von ca. 5 cm Länge schneiden. Werden sie nicht gleich weiterverarbeitet, in Wasser legen. Vor dem Frittieren gut abtropfen lassen und mit Küchenpapier trocken tupfen.

2 Das Sonnenblumenöl in einer Fritteuse oder einem tiefen Topf auf ca. 160 Grad erhitzen. Kartoffelstifte darin portionsweise 5 Minuten vorfrittieren, bis sie weich, aber noch nicht braun sind. Pommes herausheben.

3 Sind alle Pommes vorfrittiert, die Temperatur des Öls auf 180 Grad erhöhen. Pommes wieder portionsweise hineingeben und in jeweils ca. 2 Minuten goldgelb frittieren. Auf Küchenpapier entfetten lassen und vor dem Servieren mit Salz bestreuen.

TIPP

Einen besonderen Pfiff bekommt dieser Klassiker unter den Burger-Begleitern durch raffinierte Würze. So kann man zusätzlich mit etwas Paprikapulver oder Cayennepfeffer würzen. Mit einer Mischung aus Oregano und Thymian erhalten die Kartoffeln eine leicht mediterrane Note, Gleiches gilt für eine Mischung aus leicht gemörsertem Meersalz und Rosmarin. Currypulver verleiht ihnen einen Hauch Exotik.

GRÜNKOHLCHIPS MIT CHEDDAR

Für 4 Personen:
1 mittelgroßer Kopf Grünkohl
90 g Walnüsse
40 g Cheddar
1 EL Dijon-Senf

Zubereitungszeit:
30 Min.

1 Den Backofen auf 180 Grad Ober- und Unterhitze (160 Grad Umluft) vorheizen. Die Stiele vom Grünkohl entfernen und die Blätter in mundgerechte Stücke zupfen. Blätter kalt abbrausen, trocken tupfen und beiseitestellen.

2 Walnüsse fein hacken und Cheddar reiben. Beides in den Mixer geben und mit Senf sowie 50 ml Wasser zu einer glatten Paste verarbeiten. In eine große Schüssel geben und die Grünkohlblätter dazugeben. Vorsichtig rühren, damit die Blätter rundum mit der Käsemischung bedeckt sind.

3 Dickere Klumpen der Paste von den Grünkohlblättern entfernen. Es sollte nicht zu viel Paste auf den Blättern verbleiben, da sie sonst nicht richtig trocknen können.

4 Die Blätter auf einem mit Backpapier belegten Blech auslegen. Dabei zwischen den Blättern jeweils einen ca. fingerbreiten Abstand lassen. Das Blech auf die mittlere Schiene des heißen Ofens schieben und den Grünkohl 15–20 Minuten backen.

5 Nach Ende der Garzeit die Chips aus dem Ofen nehmen und auskühlen lassen. Die Chips sollten nicht braun werden, da der Grünkohl sonst bitter schmeckt.

TIPP

Diese ausgefallenen Chips können auch gut vorbereitet und auf Vorrat gebacken werden. Sie halten sich in einem luftdichten Behälter ca. 1 Woche.

MAISKOLBEN

Für 4 Personen:
4 junge, frische Maiskolben im Blatt
100 g fein gesalzene Butter, zimmerwarm
1 EL Currypulver
1 EL Chiliflocken

Zubereitungszeit:
20 Min.

1 Maiskolben leicht aus den Blättern brechen. In einem Topf reichlich Wasser sprudelnd aufkochen und die Maiskolben hineinlegen. Ca. 20 Minuten garen und anschließend abtropfen lassen.

2 Die gesalzene Butter mit Currypulver und Chiliflocken gründlich durchmengen. Die fertig gekochten Maiskolben mit der Würzbutter rundum einstreichen.

3 Die gewürzten Maiskolben auf den heißen Gill legen. Ca. 10 Minuten unter sehr häufigem Wenden grillen; sie sollten auf keinen Fall schwarz werden.

TIPP

Bevor die Maiskolben aus dem kochenden Wasser genommen werden, sollte der Gartest gemacht werden. Dafür einen Kolben mit einem Messer anschneiden und prüfen, ob die Körner schon weich sind.

Auch lecker sind zu Burgern gegrillte Gemüsespieße. Dafür je 1 rote, gelbe und grüne Paprikaschote putzen, waschen und in mundgerechte Stücke schneiden. Je 1 Zucchini und Aubergine waschen, längs halbieren und in ca. 1 cm dicke Scheiben schneiden. Salzen und einige Minuten Wasser ziehen lassen, dann trocken tupfen. 8 sehr kleine Zwiebeln schälen und 8 Cocktailtomaten waschen. 8 Champignons putzen und 8 Maiskölbchen aus dem Glas abtropfen lassen. Das vorbereitete Gemüse abwechselnd auf 8 gewässerte Holzspieße stecken und rundum mit Olivenöl beträufeln. Mit Salz und Pfeffer würzen. Auf dem Grill unter gelegentlichem Wenden ca. 10 Minuten garen.

COLESLAW MIT ANANAS

Für 6 Personen:
500 g Weißkohl
2 Möhren
1 Kohlrabi
2 Äpfel
¼ frische Ananas
1 EL Zucker
½ TL Salz
1 EL Apfelessig
1 EL helle Sojasoße
1 EL Reisessig
1 TL Honig
1 EL Sesamöl
70 ml neutrales Pflanzenöl
2 EL Sesamsamen

Zubereitungszeit:
30 Min.

1 Weißkohl putzen, waschen und abtropfen lassen. Mit der Küchenmaschine oder mit einem scharfen Messer in feine Streifen schneiden. Die Möhren schälen und auf der Küchenreibe raspeln.

2 Kohlrabi putzen, schälen und in feine Streifen schneiden. Äpfel schälen und von den Kerngehäusen befreien, dann das Fruchtfleisch in dünne Streifen schneiden.

3 Ananas schälen, Strunk entfernen und Fruchtfleisch in mundgerechte Scheiben schneiden. Zusammen mit Kohl, Möhren, Kohlrabi und Äpfeln in eine große Schüssel geben. Zucker, Salz und Apfelessig darübergeben. Alles gut vermischen und kurz durchziehen lassen.

4 Sojasoße, Reisessig, Honig, Sesam- und neutrales Pflanzenöl miteinander verschlagen. Sesamsamen in einer Pfanne ohne die Zugabe von Fett rösten und dann über den Kohlsalat streuen.

5 Das Dressing über den Salat geben. Coleslaw vor dem Servieren durchziehen lassen.

TIPP

Der Kohl kann auch mit 5 EL Mayonnaise und 1 EL Joghurt vermengt werden. Außerdem lässt sich der Sesam durch Walnusskerne ersetzen.

WALDORFSALAT MIT CRANBERRYS

Für 4 Personen:
25 g Walnüsse
500 g Knollensellerie
1 ½ Zitronen
1 Birne
2 Stangen Sellerie mit Grün
80 g getrocknete Cranberrys
100 g Salatmayonnaise
100 g fettarmer Naturjoghurt
1 TL flüssiger Honig
Salz
Pfeffer aus der Mühle

Zubereitungszeit:
20 Min.

1 Walnüsse hacken und in einer kleinen Pfanne ohne Fett rösten. Danach zum Auskühlen beiseitestellen.

2 Knollensellerie schälen und in feine Streifen hobeln oder schneiden. Zitronen auspressen. Sellerie mit 1 EL Zitronensaft vermengen.

3 Birne vierteln, schälen, Kerngehäuse entfernen und das Fruchtfleisch in Stücke schneiden. Selleriestangen waschen, putzen und zusammen mit dem Grün in feine Streifen schneiden. Sellerie, Birne, Cranberrys und Walnüsse mischen.

4 Salatmayonnaise mit restlichem Zitronensaft, Joghurt und Honig glatt verrühren. Mit Salz und frisch gemahlenem Pfeffer abschmecken. Das Dressing über die vorbereiteten Zutaten geben und alles vorsichtig mischen. In Gläser füllen und servieren.

TIPP

Die Salatmayonnaise lässt sich auch selbst zubereiten. Hierfür z. B. 1 TL Senf und 2 sehr frische Eigelb mit dem Handrührgerät schaumig rühren. 100 ml Sonnenblumenöl zuerst tropfenweise, dann in einem dünnen Strahl einfließen lassen, dabei immer weiterschlagen. So lange rühren, bis eine dickflüssige Creme entsteht. Zum Schluss noch 2 EL saure Sahne unter die Mayonnaise rühren.
Nach Geschmack kann die Birne in diesem Rezept, ganz klassisch, natürlich auch durch 1 säuerlichen Apfel ersetzt werden.

KARTOFFELSALAT GEBACKEN
(Abb. S. 127)

Für 4 Personen:
750 g Kartoffeln
5 Knoblauchzehen
getrocknete Rosmarinnadeln
3 EL Olivenöl
Salz
Pfeffer aus der Mühle
100 g Naturjoghurt
100 g Mayonnaise
je 1 EL Thymian, Estragon, Basilikum, frisch gehackt

Zubereitungszeit:
30 Min.
Backzeit:
45 Min.

1 Backofen auf 200 Grad Ober- und Unterhitze (180 Grad Umluft) vorheizen. Kartoffeln waschen und ungeschält vierteln. Knoblauch schälen und hacken. Kartoffeln, Knoblauch, etwas Rosmarin und Olivenöl gut vermischen. Auf ein Backblech geben und mit Salz sowie frisch gemahlenem Pfeffer würzen.

2 Kartoffeln im Ofen ca. 45 Minuten backen. Dabei gelegentlich am Blech rütteln, damit die Kartoffeln nicht anbacken. Geröstete Kartoffeln in einer Schüssel etwas abkühlen lassen.

3 Joghurt, Mayonnaise und die gehackten Kräuter verrühren. Das Dressing vorsichtig unter die Kartoffeln heben, damit sie nicht zerfallen. Das Ganze mit Salz und frisch gemahlenem Pfeffer abschmecken. Kartoffelsalat kurz durchziehen lassen und lauwarm oder kalt servieren.

TIPP

Auch perfekt als Begleiter zu Burgern: Kartoffelspalten. Dafür den Backofen auf 200 Grad Ober- und Unterhitze (180 Grad Umluft) vorheizen. 1,2 kg festkochende Kartoffeln schälen, waschen und in Spalten schneiden. 6 EL Olivenöl, 2 TL getrockneten Majoran, Salz und frisch gemahlenen Pfeffer verrühren und das Ganze mit den Kartoffeln vermengen. Kartoffeln auf einem Blech verteilen und im Ofen ca. 40 Minuten backen; dabei einmal wenden. Nach Belieben ½ Bd. Petersilie abbrausen, trocken schütteln und die Blättchen fein hacken. Nach Ende der Backzeit unter die Kartoffeln mengen.

Register

Auberginenburger mit Feta	82	Fischburger, einfacher	50
Avocadoburger	112	Fruchtiges Ketchup	24
Baconburger mit Ananas	44	Gegrillte Gemüsespieße	136
Bacon-Gorgonzola-Burger mit Ei	34	Gemüsechips	130
Bohnenburger mit Hummus	78	Gemüse-Puten-Burger	32
Burger, indian-style	110	Gemüsespieße, gegrillte	136
Burger, mediterraner	94	Gemüse-Ziegenkäse-Burger	74
Burger, orientalischer	106	Gorgonzola-Burger, kleine	30
Burger, thai-style	114	Grünkohlchips mit Cheddar	134
Burgerbrötchen, einfache	10		
Burgerbrötchen, raffinierte	11	Hummerburger	56
Burger mit Äpfeln, nussiger	30		
Burger mit Kartoffel	92	Indian-style Burger	110
Burger mit Knusperhähnchen	26		
Burger mit Mango	104	Jakobsmuschel-Burger, kleine	68
Burger mit Paprika und Bohnen	28		
Burger mit Roquefortdressing	100	Kabeljauburger mit Currymayo	70
		Kartoffelsalat gebacken	142
Cheeseburger mit Avocado	38	Kartoffelspalten	142
Cheeseburger mit Wagyu-Rind	46	Kebab-Burger	118
Chickenburger mit Papaya	98	Ketchup	128
Classic Burger	16	Ketchup, fruchtiges	24
Coleslaw mit Ananas	138	Kleine Gorgonzola-Burger	30
Crab-Burger	52	Kleine Jakobsmuschel-Burger	68
Double-Burger mit Hähnchen	40	Lachsburger, norwegischer	62
Double-Cheeseburger	18	Lachsburger im Pitabrot	96
		Lachsburger vom Grill	48
Einfache Burgerbrötchen	10	Lammburger mit Käsefüllung	20
Einfacher Fischburger	50	Linsenburger	72
Entenburger mit Feige	116		
Erdnusssoße	114	Maiskolben	136
		Makrelenburger	108
Fischburger mit Coleslaw	66	Mangochutney	110
Fischburger mit Salsa	54	Mayonnaise	128

Mediterraner Burger	94
Mini-Burger mit Flusskrebs	60
Mini-Burger mit kandierter Nuss	120
Mini-Hamburger	24
Norwegischer Lachsburger	62
Nussiger Burger mit Äpfeln	30
Orientalischer Burger	106
Pesto	94
Pilzburger mit Spinat	80
Pommes frites	132
Putenburger mit Käsedressing	42
Putenburger mit Rucola	22
Raffinierte Burgerbrötchen	11
Riesenburger mit Ei und Bacon	126
Röstiburger	102
Salatmayonnaise	140
Scampi-Avocado-Burger	64

Seelachsburger mit Mango	124
Seitan-Burger, veganer	90
Sojaburger mit Sprossen	88
Tandoori-Tofu-Burger, veganer	76
Tatar-Burger	36
Thai-style Burger	114
Thunfischburger	58
Tofu-Guacamole-Burger, veganer	86
Tofu-Sprossen-Burger	84
Tomatenburger	122
Tomatenchutney	60
Veganer Seitan-Burger	90
Veganer Tandoori-Tofu-Burger	76
Veganer Tofu-Guacamole-Burger	86
Waldorfsalat mit Cranberrys	140
Zwiebelchutney	116

Bildnachweis

California Walnut Commission: 31, 121, 135; Cranberry Marketing Committee: 141; Deutsches Geflügel: 27; Fisch-Informationszentrum e. V.: 125; fotolia.com: JJAVA 8 li.; Fotos mit Geschmack/ Südwest Verlag: 137; Hass Avocados aus Chile: 113; Jessen/Südwest Verlag: 17, 23, 105; Neuseeländisches Lamm: 21; Norwegian Seafood Council: 47, 49, 63, 97, 109; Photocuisine: 11, 15, 19, 29, 33, 35, 37, 39, 41, 43, 45, 51, 53, 59, 61, 67, 69, 71, 75, 77, 81, 87, 91, 93, 95, 101, 103, 107, 111, 115, 117, 119, 123; Plewinski/Südwest Verlag: 99; Schürle/Südwest Verlag: 65; shutterstock.com: AlenaNex 4 u. und 12 u., sarsmis 4 o. und 5 o., Yulia Davidovich 5 u., Kerdkanno 6 u., Gregory Gerber 7 o., Elena Veselova 7 u. und 8 re., stockcreations 9 li., Gayvoronskaya_Yana 9 re. und 129, Ramon L. Farinos 10 o., harmpeti 10 u., mates 12 o., Razmarinka 13 o., Luiz Rocha 13 u., Wiktory 14, Elena Shashkina 133; Smend/Goldmann Verlag: 127, 139; StockFood: 6 o., 25, 55, 57, 73, 79, 83, 85, 89, 131